MARCO POLO

CORSICA

COAUTRICE MARCO POLO

Gabriele Kalmbach

L'autrice, che conosce molto bene la Francia, adora la Corsica per la sua imbattibile combinazione di mare e montagna. Ad affascinarla sono soprattutto i contrasti dell'isola: macchia mediterranea e raffinata cultura del vino, spiagge molto estese e gole strettissime, bellissime città portuali piene di vita e solitari paesini di montagna dal carattere chiuso e ostinato.

VIAGGIARE FACILE

Informazioni aggiornate, consigli, novità e itinerari a portata di un semplice clic. In viaggio con bagaglio leggero grazie ai contenuti speciali che puoi trovare su guidemarcopolo.it, sulla pagina Facebook (facebook.com/guidemarcopolo), l'account Twitter (@guidemarcopolo) e sulla pagina speciale dedicata alla guida che hai in mano: scopri di più nella pagina seguente.

Accedi ai contenuti speciali su **guidemarcopolo.it/corsica-per-te**

GUIDEMARCOPOLO.IT/CORSICA-PER-TE

Una guida in regalo

È dedicata alle offerte low budget e raccoglie consigli ed esperienze per vivere il viaggio (quasi!) gratis. Puoi scaricarla e poi consultarla offline, per essere informato anche quando la connessione internet non è disponibile.

Articoli e news

Per ogni destinazione una raccolta di notizie, curiosità, interviste che ti aiutano ad approfondire la conoscenza del luogo e a organizzare l'itinerario su misura per te prima e durante il viaggio.

Informazioni aggiornate

Qualcosa di importante è cambiato in città? Se sì, verificalo online. Troverai gli aggiornamenti delle informazioni e degli eventi per ogni destinazione.

SIMBOLI

- ! I consigli di chi ci vive
- ★ Le scelte MARCO POLO
- Punto panoramico
- Ecosostenibile
- (*) Numeri di telefono con costi aggiuntivi
- ●●●● Il meglio di...

PREZZI DEGLI ALBERGHI

€€€	più di 150 euro
€€	95-150 euro
€	meno di 95 euro

I prezzi si intendono per una notte in camera doppia in alta stagione senza prima colazione.

PREZZI DEI RISTORANTI

€€€	più di 40 euro
€€	20-40 euro
€	meno di 20 euro

I prezzi si intendono per un pasto completo (antipasto, piatto principale, dessert), bevande escluse

BUONO A SAPERSI
Profilo storico → p14
Lo stemma della Corsica → p23
Specialità → p28
Libri e film → p68
Piscicoltura → p76
Quanto costa? → p129
Il tempo a Bastia → p130

CARTINE
(138 A1) Numeri di pagina e coordinate per l'atlante stradale
Sono fornite di coordinate anche le località che non figurano nell'atlante stradale
(A-B 2-3) Coordinate per la carta estraibile

RISVOLTI DI COPERTINA
Il top delle scelte MARCO POLO
Cartine di Ajaccio, Bastia e Bonifacio

Il top dei consigli di chi ci vive

La nostra selezione dei 15 suggerimenti che fanno la differenza

! Specialità gastronomiche

Per generazioni le *castagne* sono state uno degli alimenti base della dieta locale. Ecco perché la loro farina è un ingrediente che compare in diverse ricette tradizionali ed è oggi considerata un prodotto pregiato → p26

! Oro liquido

Il mercato delle olive di *Montemaggiore* dura due giorni e si svolge nella seconda metà di luglio. I prodotti a base di olio attirano un gran numero di visitatori che accorrono qui da ogni parte dell'isola → p34

! In kayak

Partite dal *delta del Fango*, presso Galéria, e risalite il fiume per ammirare le tartarughe nel loro habitat naturale *(foto in alto)* → p43

! Alle prime luci dell'alba

Il panorama che si apre su Calvi e dintorni dalla cappella di *Notre Dame de la Serra (foto a destra)* è semplicemente spettacolare e perfetto per una passeggiata romantica → p43

! Un viaggio nel passato

Sopra il paesino di Lumio, in Balagne, si trova il villaggio di *Occi*, abbandonato da più di un secolo: l'atmosfera che si respira tra le rovine è davvero suggestiva → p43

! Passeggiate e giro in barca

Potete raggiungere a piedi le spiagge più isolate che si susseguono lungo l'antico Sentiero dei Doganieri del *Cap Corse* e fare ritorno in barca → p44

! Circondati dal folclore

Il *20123* è un ristorante del centro storico di Ajaccio che prende il nome dal codice postale di Pila-Canale. Gli interni riproducono uno scorcio del paese sotto una volta stellata. Ci si serve da soli alla "fontana del villaggio" e in alta stagione si è allietati da concerti di musica tradizionale → p52

! Un tappeto di ninfee rosse

Il percorso che da Vico conduce in montagna attraversa paesaggi di rara bellezza e l'escursione da Soccia al *Lac de Creno* è una vera meraviglia.

Il bacino d'acqua si trova in una posizione idilliaca, tra un bosco di pini e ampi prati perfetti per un piacevole picnic → p58

! Una chiesa come camposanto

A *Castifao* si trovano le rovine del monastero di Saint-François de Caccia. Dopo la Rivoluzione Francese la mancanza di spazio costrinse gli abitanti del luogo a seppellire i defunti in una chiesa trasformata in cimitero → p61

! Un bagno nel Solenzara

Il campeggio *U Rosumarinu*, situato nell'entroterra a pochi chilometri dalla costa est, è il luogo perfetto per le famiglie con figli: mentre i vostri bambini si tuffano dagli scogli nelle acque del fiume, potrete godervi il sole sdraiati sulla spiaggia di sabbia → p83

! Divertimento assicurato

Un bacino magnifico, sotto il ponte stradale che si trova tra Zonza e Quenza. Rinfrescatevi con un bagno nelle pozze del fiume → p86

! Mangiare in fattoria

Sul tavolo del ristorante *A Pignata* si trovano solo pochi piatti, ma tutti della tradizione corsa, con ingredienti in parte prodotti in fattoria e biologici → p87

! Gita in barca

Partecipate a una gita in barca per visitare le *isole di Lavezzi*. Oltre alle bellezze paesaggistiche, durante il viaggio potrete gustare un ottimo piatto di *bouillabaisse*, la zuppa di pesce alla francese → p91

! Aria pura e ruscelli gorgoglianti

Da *Campomoro* partono tre sentieri ad anello: le particolari formazioni rocciose modellate dagli agenti atmosferici sono uniche in questo tratto di costa → p96

! Per gli amici degli animali

I vostri bambini cammineranno più volentieri in compagnia di un asino che porta i loro bagagli. Per vivere questa piacevole esperienza recatevi ad *Albertacce* → 119

IL MEGLIO DI...

LUOGHI FANTASTICI A BASSO COSTO

Nuove scoperte con un occhio al risparmio

OCCASIONI

Melodie tradizionali

In estate, sulle spiagge e nei paesi, gruppi musicali locali organizzano divertenti *concerti di musica all'aperto*. Se volete risparmiare il costo del biglietto potete cercare posto all'esterno dello spazio davanti al palco, delimitato dalle transenne, e godervi comunque lo spettacolo → p23

Conoscere le erbe

Non si può concepire la cucina mediterranea senza il rosmarino, il timo, l'origano e l'alloro. Potete raccogliere queste *erbette* un po' dappertutto nella macchia corsa. Oppure potete acquistarle secche e portarvele a casa o regalarle come souvenir → p27

Antiche botteghe

Pigna, in Balagne, è il paese degli artisti. Potete osservare gli artigiani all'opera nei loro laboratori, impegnati nella realizzazione di strumenti musicali, carillon e oggetti in ceramica. L'ingresso è libero, ma è difficile resistere alla tentazione di fare qualche acquisto *(in foto)* → p34

In mezzo alla natura

Chi vuole partecipare a un percorso didattico di ornitologia e osservare gli uccelli acquatici e i rapaci nel loro habitat naturale può recarsi all'*Étang de Biguglia*, a sud di Bastia, dichiarato zona naturale protetta dal Département Haute-Corse → p40

Alla salute!

Il primo birrificio della Corsica si trova a sud di Bastia. Nei mesi di luglio e agosto si tengono alcune visite guidate gratuite che prevedono un'ottima degustazione nella *Brasserie Pietra* → p48

Fresca e leggera

L'acqua che sgorga dalle fontane di paese è sempre potabile. Spesso la gente del posto riempie taniche e bottiglie da portare a casa. Un esempio è la *fontana di Ste-Lucie-de-Tallano*, molto frequentata dagli abitanti dei dintorni → p86

Il colore dei punti nei capitoli seguenti richiama quello de *Il meglio di...*

È TIPICO DELLA CORSICA

Lo trovate solo qui

Divertimento al naturale

In Corsica non è difficile trovare un fiume dalle acque cristalline in cui fare il bagno. Il *Solenzara*, nella parte sudorientale dell'isola, è senza dubbio uno dei più belli: i bacini e le anse che si aprono lungo il suo corso sono perfetti per un tuffo, a qualsiasi età → pp20, 83

I piaceri del palato

La Corsica è conosciuta per i suoi prodotti tipici: i formaggi, in particolare il *brocciu* fatto con il latte di capra e di pecora, i salumi come la coppa, la lonza e la salsiccia, il prosciutto e i figatelli. Acquistateli al *mercato di Ajaccio (in foto)* → p53

Incursioni pericolose

Per rispondere agli attacchi genovesi, lungo le coste si sviluppò un efficiente sistema di difesa con oltre 150 torri di guardia. Sul *Capu Rossu*, all'estremità sud del golfo di Porto, se ne trova una ben conservata, visitabile con un'escursione della durata di circa tre ore → p59

Scorci montani

Alla fine della valle della Restonica parte un sentiero percorribile in quattro ore che conduce ai *laghi di Melo e Capitello*, formatisi entrambi durante l'ultima era glaciale. Il tour, adatto anche alle famiglie, è caratterizzato da una straordinaria varietà paesaggistica → p67

Sulle tracce del passato

Diverse scoperte indicano la presenza di popolazioni preistoriche sull'isola. Nel *Musée Départemental de Levie* si può ammirare, ad esempio, lo scheletro della "Dama di Bonifacio", risalente al 6570 a.C. Altri reperti si trovano non lontano da Levie, a *Cucuruzzu* e *Capula* → pp85-86

Vita da spiaggia

La costa della Corsica è lunga un migliaio di chilometri. Sul lato orientale si susseguono estesi litorali di morbida sabbia, mentre su quello occidentale gli arenili sono più frastagliati e per la maggior parte di sassi, nonostante ci siano alcune baie sabbiose di diversa grandezza. Gli angoli più belli si trovano nella zona sud est, tra Solenzara e Bonifacio: la *Plage de Palombaggia* è solo uno tra i tanti esempi che si potrebbero citare → p94

CLASSICO

IL MEGLIO DI...

BELLO ANCHE CON LA PIOGGIA

Idee per non perdere il buon umore

E SE PIOVE?

● ***Per gli amanti del buon vino***

Una delle zone vinicole più note della regione è *Patrimonio*. Nelle enoteche e nei punti vendita delle cantine potete approfittare di invitanti offerte per conoscere le diverse varietà locali *(in foto)* → p49

● ***A casa di Napoleone***

Volete approfondire le vostre conoscenze sul fondatore del Primo Impero francese? Visitate la *casa della famiglia Bonaparte* nel cuore del centro storico di Ajaccio: vi farete un'idea dell'ambiente in cui si formò il celebre condottiero → p51

● ***Come a Monte Carlo***

Il *Casinò* di Ajaccio è elegante e raffinato, un luogo perfetto quando piove. Conviene però accomodarsi al piano bar o al ristorante, per evitare di perdere tutto al gioco → p54

● ***Sorprese inaspettate***

La riserva naturale di *Scandola*, nel golfo di Porto, è stata la prima zona protetta in parte sul mare, in parte sulla terraferma. In caso di brutto tempo e con un po' di fortuna potrete avvistare specie rare di animali che in genere si nascondono quando splende il sole → p59

● ***Lento come...***

... una tartaruga: tra Ajaccio e Bocognano si può visitare l'allevamento *A Cupulatta*, dove vengono cresciute e studiate decine di specie provenienti da tutto il mondo → p120

● ***Un viaggio a saliscendi***

I *treni* attraversano le strette gole e le profonde valli della regione montuosa dell'isola da quasi 120 anni. Le gallerie e i ponti che si susseguono lungo il tragitto sono molti; i più belli si trovano tra Corte e Vizzavona. Salite a bordo e godetevi il paesaggio: un'ottima alternativa al brutto tempo, soprattutto per le famiglie con bambini → p120

MOMENTI DI RELAX

Per riprendere fiato e ripartire

DIVERTIMENTO

● *Cullati dalle onde*

Una tranquilla gita in barca vi porterà da Calvi alle *Grottes des Veaux Marins*, sulla penisola di Revellata. Ancora più rilassante è il viaggio di mezza giornata che costeggia la penisola di Scandola e prosegue verso *Girolata* → p42

● *Poco movimento, tanto divertimento*

Giovani e anziani, in città o nei paesi più sperduti: in Corsica, ovunque c'è qualcuno che gioca a bocce. La *pétanque* è uno sport molto popolare e gli appassionati lo praticano sempre con grande impegno e serietà. Accomodatevi in un caffè (ad esempio nella *Place Paoli* di Île-Rousse) e osservate l'abilità dei giocatori → p46

● *Al calar della sera*

Il tramonto che si ammira dal golfo di Porto è uno dei più belli della regione: andate alle *Calanques de Piana*, cercate un posticino sulle rocce ancora calde e aspettate che il sole si immerga nel mare *(in foto)* → p59

● *Una tintarella perfetta*

Nella parte più alta della *valle della Restonica*, il bosco è meno fitto e i grandi blocchi di roccia lungo il corso del fiume sono il luogo ideale per prendere il sole. Cercate il più comodo, sdraiatevi e godetevi il gorgoglio del ruscello in sottofondo e il profumo dei pini → p67

● *Un'oasi di pace*

Volete vivere un soggiorno all'insegna del relax? Allora prenotate una camera nell'albergo *U Capu Biancu* di Bonifacio, che dispone di piscina, spa, ampia offerta benessere e un ristorante da veri buongustai. Che altro potete desiderare di più? → p90

● *Piacere naturale*

Sulle rive del *torrente Fiumicicoli*, sulla strada tra Sartène e Ste-Lucie-de-Tallano, potete fare il bagno in sorgenti dalle calde acque sulfuree: senza dubbio uno dei modi migliori per rigenerare corpo e anima → p97

INTRODUZIONE

BENVENUTI IN CORSICA!

La Corsica è una regione di incredibile fascino. Non è un caso, quindi, che già gli antichi Greci la chiamassero la *kallisté*, la "più bella". Nonostante sia lunga solo 183 km e larga appena 90 km, sembra un continente a sé e, con i suoi 9000 km^2 di superficie, è la ***quarta isola*** più estesa del Mediterraneo dopo la Sicilia, la Sardegna e Cipro. Rispetto alle sue vicine, tuttavia, l'altitudine media sul livello del mare è superiore (600 m), tanto che il Monte Cinto (2706 m) raggiunge addirittura una quota alpina. Un terzo del territorio è coperto da foreste e, nonostante le ridotte dimensioni dell'isola, vi sono rappresentate tutte le zone climatiche europee: a giugno, lungo i 1000 km di costa le temperature dell'acqua raggiungono i 20°C, mentre nella stessa stagione, a soli 30 km di distanza, le cime dei rilievi montuosi sono ancora innevate.

Se la costa orientale è orlata da lunghi litorali di sabbia, ideali per le famiglie con bambini grazie alla presenza di fondali che digradano dolcemente, l'aspra zona occidentale è frastagliata e caratterizzata da ripide scogliere, perfetta per gli ***appassionati di immersioni*** e per gli amanti della barca a vela. I fiumi che nascono in alta montagna, inoltre, hanno scavato valli scoscese e gole profonde, creando spesso nell'ultimo tratto ampi terreni alluvionali, come quelli del Liamone, tra Ajaccio e Cargèse, o del Fango,

Bonifacio: portici, mura imponenti, palme e viuzze acciottolate

presso Galéria. Alla foce dei corsi d'acqua si estendono ***spiagge meravigliose***, alcune con sabbia grezza, esposte ai venti e a pericolose correnti marine, altre morbide e bianche, con baie a forma di mezza luna, bassi fondali e un mare cristallino, proprio come quelle di Calvi, a nord ovest, o di Pinarellu e Rondinara, a sud est. Oltre agli arenili, inoltre, non bisogna dimenticare le magnifiche dune, i boschi di pini marittimi, le lagune, le ripide pareti rocciose, le imponenti fortezze genovesi e il panorama che dalla costa si apre sullo scenario montano dell'entroterra.

La ripartizione regionale nei due dipartimenti Haute-Corse e Corse-du-Sud è stata dettata dalla particolare struttura geologica del territorio, caratterizzato dal massiccio scistoso del nord est, con il fiume di confine Tavignano, e dalle conformazioni granitiche della parte meridionale. L'unica pianura presente in tutta l'isola si trova invece a est, in posizione arretrata rispetto alla costa. Per il resto il terreno è sempre scosceso. I pendii sono perlopiù coperti dalla macchia mediterranea, almeno fino ai

6600 a.C.
I ritrovamenti più antichi, come lo scheletro della "Dama di Bonifacio", risalgono alla Preistoria

3500-1000 a.C.
Menhir e civiltà megalitica

565 a.C.
I Greci focesi si stabiliscono ad Alalia, futura Aléria

259 a.C.
Conquista romana

III sec
Cristianizzazione

IX-XI sec
Invasioni saracene

1284
La Corsica entra a fare parte dei territori genovesi

500 m d'altitudine, il che spiega l'intenso profumo di rosmarino, lentisco, cisto e mirto che spesso aleggia nell'aria. Lo stesso Napoleone Bonaparte diceva che avrebbe potuto riconoscere la sua isola anche a occhi chiusi, solo respirando l'aria profumata. Nella macchia la fioritura comincia a inizio primavera, mentre sulle alture i germogli dei radi boschi di lecci e castagni sbocciano solo nei mesi di maggio e di giugno. Sopra gli 800 m crescono invece imponenti pini neri e faggi modellati dal vento. All'inizio dell'estate i prati alpini si tingono di mille colori e diventano ***un paradiso per gli amanti dei fiori***. Magnifici sono poi i laghi dalle acque turchesi, le cascate scroscianti e i profondi bacini che si formano nel letto dei fiumi.

Alcuni paesi sono nascosti nelle conche, altri dominano maestosi come fortezze sulle creste delle montagne (come Sant'Antonino in Balagne), altri ancora si ergono su ripidi pendii (ad esempio Ota, nella gola di Spelunca). Oggi i circa 320.000 abitanti dell'isola vivono soprattutto sulla costa e, di questi, 110.000 nelle due città più grandi (Ajaccio e Bastia) e nei loro dintorni. Nei bassopiani si coltiva frutta, foraggi, cereali e vite, mentre le zone costiere puntano sul ***turismo***, che ha portato alla trasformazione di diversi paesini in frequentate località balneari.

Molti paesini si sono trasformati in vivaci località balneari

Le fortezze sono l'unica testimonianza rimasta dell'antico dominio straniero in Corsica. I Greci fondarono una colonia ad Aléria. Romani, Pisani e Genovesi imposero invece ingenti tributi senza però offrire in cambio alla popolazione locale la dovuta

1729-69 Insurrezioni popolari contro il dominio della Repubblica Marinara

1755 Pasquale Paoli diventa comandante delle forze ribelli che ottengono l'indipendenza regionale

1769 Dominio francese; ad Ajaccio nasce Napoleone

1942-43 Durante la seconda guerra mondiale le truppe tedesche e italiane invadono il territorio

Dal 1970 Movimenti per l'autonomia; nasce il fronte per la liberazione corsa FLNC; primi attentati

protezione, soprattutto quando erano impegnati in altri conflitti. I Saraceni e i pirati del Maghreb, infine, depredarono l'isola e ridussero in schiavitù la maggior parte degli abitanti dei villaggi.

Molti corsi si ritirarono quindi nell'entroterra, tanto che ancora oggi diversi paesini sorgono in una sicura posizione rialzata. Le case venivano costruite intorno alla chiesa, mentre i cimiteri e le tombe di famiglia in periferia. L'aspetto delle abitazioni, pur essendo tipicamente mediterraneo, era spartano e austero, anche perché per questioni di sicurezza i piani superiori venivano riservati agli spazi abitativi, mentre quelli inferiori erano perlopiù usati come magazzini per conservarvi i raccolti e le attrezzature utili nei campi oppure come stalle senza finestre, con un grande portone facile da sbarrare. Soprattutto nella parte meridionale dell'isola, maggiormente segnata dal ***potere dei clan*** e dalle vendette di sangue, le case sono alte e strette, sul modello di Sartène, a sud ovest.

Quando la Corsica venne conquistata dai francesi nel 1769 doveva essere una regione difficile da vivere. Le montagne erano popolate per la maggior parte da pastori in miseria e solo pochi agricoltori godevano di un certo benessere; senza contare che in quasi tutta l'isola imperava il banditismo. Nel XIX secolo, quindi, furono in tanti a partire per cercare fortuna sul continente, nelle colonie o in America e purtroppo, come dimostrano i grandi monumenti ai caduti, molti morirono nella prima e nella seconda guerra mondiale, anche se la regione fu il primo dipartimento francese a essere liberato dalle forze anglo-americane nel 1943.

Prodotti di artigianato artistico e specialità gastronomiche

Tra le grandi isole del Mediterraneo, la Corsica è la più scarsamente popolata. Nonostante i paesi dell'entroterra siano abitati soprattutto da persone anziane, perlopiù emigrati tornati in patria dopo anni trascorsi all'estero, in diverse località stanno nascendo interessanti iniziative per il rilancio dell'economia regionale e lo sviluppo di un ***turismo sostenibile*** capace di salvaguardare sia l'ambiente sia le strutture tradizionali. I corsi, infatti, vanno fieri dei propri prodotti artigianali e gastronomici, in particolar modo del formaggio di pecora *brocciu*, fresco o stagionato *(brocciu passu)*, utilizzato per torte e ottimi dessert. Un altro motivo di grande orgoglio è la

1982 I corsi eleggono il primo parlamento regionale, l'Assemblée de Corse

1983 Gli atti di violenza conseguenti alla messa al bando del FLNC si protraggono per anni

1998 Omicidio politico del prefetto Claude Érignac

2015 Alle elezioni regionali gli autonomisti superano il 35% dei voti

2018 I due dipartimenti corsi (Haute-Corse e Corse-du-Sud), divisi dal 1976, si riuniscono

Il meraviglioso panorama da Capo Rosso sul golfo di Porto

musica, tanto che molti gruppi cantano in lingua locale riscuotendo successo anche sul continente. I più determinati a mantenere viva l'***identità nazionale***, tuttavia, sono i movimenti politici indipendentisti che tentano di contrastare il turismo di massa; a parer loro, infatti, non è questa l'unica prospettiva di sviluppo possibile, e il consenso popolare ottenuto negli ultimi anni li ha premiati. Alle elezioni regionali del 2010, le loro proposte alternative hanno raccolto un terzo dei voti, nel dicembre del 2015 il 35,34%, ottenendo 24 seggi su 51.

L'apporto economico dato dai visitatori stranieri resta tuttavia un'essenziale fonte di reddito. E a chi sceglie la Corsica quale meta di vacanza le possibilità offerte sono molte, soprattutto se si vuole fare sport. Benché alcuni luoghi abbiano perso il loro carattere originario, nelle località balneari dove maggiore è l'afflusso turistico non sono ancora comparsi i grandi e anonimi complessi residenziali che deturpano il paesaggio costiero. Le ***vie di comunicazione*** negli ultimi anni sono migliorate e rimangono poche le zone difficili da raggiungere che richiederebbero più moderni e migliori collegamenti.

Una vacanza all'insegna dell'attività fisica

Le strade tutte a curve esistono ancora, il che in definitiva non è male: solo spostandosi con lentezza si entra in contatto con luoghi e persone e si apprezzano atmosfere e ritmi rilassati. Se intendete fare il giro dell'isola, mettete in conto almeno due settimane, il tempo minimo necessario per ricevere una prima impressione della ***bellezza dei panorami*** isolani. In attesa però di tornare a visitarli con calma in una seconda vacanza.

TENDENZE

1 100% bio

Sostenibile La Corsica sta puntando sempre di più sulla sostenibilità. Di prima qualità sono le dolci creazioni di Virginie Vellutini *(www.biocorse.fr | in foto)*, ottime marmellate e squisite gelatine preparate con i frutti che crescono sull'isola, che potete acquistare al mercato di Filitosa, ma anche in altri posti. Oppure potete pernottare in una casa vacanze ecologica, come quelle che affitta *U Paesolu di a suvera a u ventu (Route d'Anghione | Cervione | www.ecotourismecorse.com)*.

Bellezza naturale 2

Biocosmesi Produttori locali realizzano unguenti e cosmetici naturali utilizzando erbe e fiori dell'isola: menta, rosmarino, mirto, eucalipto e arancia. Tra questi: Muriel Crestey con la sua azienda Réalia (*www.realia-cosmetic.com*) e Marie Ceccaldi con i suoi raffinati cosmetici biologici *(www.casanera.corsica)*, che vende con la dicitura "Made in Maquis". E poi Casa Vecchia *(www.casavecchiacorsa.fr)* ed Essences Naturelles Corses *(www.essences-naturelles-corses.fr)* a San Nicolao.

3 Retromania

Musica I musicisti corsi riscoprono vecchie canzoni e le riadattano ai ritmi e agli strumenti moderni. Felì Travaglini canta in lingua corsa e si esibisce nel teatro comunale di Bastia e nella *Salle Natale Luciani* di Corte. Anche Jacques Culioli *(www.culioli.net)*, un talentuoso e poliedrico artista di Chera, piccolo villaggio nel Sud della Corsica, è influenzato dai canti tradizionali, conosciuti in tutta l'isola. Il festival annuale *Calvi on the Rocks (www.calviontherocks.com)*, infine, è un'ottima occasione per scoprire interessanti gruppi musicali.

In Corsica le novità da scoprire sono tante: le più entusiasmanti in queste pagine

Sport invernali

4

Tutti sugli sci! La prima cosa che viene in mente quando si pensa alla Corsica è il mare. L'isola, tuttavia, dispone di numerosi impianti sciistici, apprezzati soprattutto nei mesi più freddi dell'anno: da dicembre a marzo, ad esempio, sono molto frequentate le piste di Bastelica, Col de Vergio, Ghisoni e l'altopiano di Zicavo, anche se non vi è un'ampia offerta di après-ski party. Potrete però trascorrere piacevoli serate intorno al tavolo di un ristorante e godere della splendida vista panoramica che, quando il cielo è terso, raggiunge addirittura il mare. L'altopiano di Coscione è invece più tranquillo ed è conosciuto soprattutto per lo sci di fondo, mentre chi preferisce lo scialpinismo troverà atmosfere squisitamente alpine con escursioni alle cime più alte, Monte Cinto (2710 m) e Monte Rotondo (2622 m). Per maggiori informazioni sulle singole località consultate il sito *www.montagnesdecorse.com*

In buone mani

5

Escursioni Se decidete di fare una visita guidata in canoa *(prenotazioni su www.acquavanua.com)*, scoprirete non solo le meravigliose spiagge della Corsica, ma riceverete anche informazioni sulla storia e la cultura dell'isola. Se scegliete invece le proposte di *Cathy Astolfi (www.cathy-astolfi.com | in foto)* trasformerete in progetti artistici l'esperienza della visita guidata, realizzando acquerelli, foto-collage e oggetti fantasiosi a partire dai reperti trovati lungo il tragitto. Interessanti sono le *Visites Insolites (www.bastia-tourisme.com)*: queste visite guidate "insolite" vi porteranno in giro per Bastia sulle tracce di antiche leggende locali, degustazioni e assaggi musicali inclusi.

PAROLE CHIAVE

BAGNI

In nessun'altra regione europea vi sono così tanti fiumi e ruscelli dall'acqua cristallina in cui ● fare il bagno. Uno dei motivi per cui l'isola è una meta turistica apprezzata soprattutto dalle famiglie con bambini.

Il Fango a nord ovest e il Solenzara a sud est sono due classici, ma anche corsi d'acqua meno conosciuti quali Taravo, Fiumicelli, Vacca e Aitone meritano di essere segnalati. Potete tuffarvi nei bacini appendendovi alle liane, saltare dalle rocce, farvi trasportare dalla corrente o passare da una pozza all'altra su scivoli naturali. Attenzione però: in alcuni luoghi vige il divieto di balneazione, ad esempio sotto i laghi artificiali e vicino alle fonti.

CHIESE

Nel 1077 la Corsica venne assegnata a Pisa come feudo pontificio. La repubblica toscana incoraggiò gli isolani a ripopolare le coste e inviò sull'isola diversi artisti e architetti con lo scopo di realizzare alcune chiese ed edifici religiosi, soprattutto in Castagniccia, Nebbio e Balagne. Le strutture tardo-romaniche sono opere artistiche meravigliose, con blocchi di pietra squadrati e di diversi colori, sculture in rilievo e decorazioni che mostrano motivi floreali e geometrici di rara bellezza.

GENOVESI

Nel 1481 la Corsica passò nelle mani della Repubblica di Genova, che la occupò fino al 1768 quando la cedette alla

In foto: la bandiera Testa Mora, il simbolo ufficiale dell'isola

Lingua, nazionalismo e macchia mediterranea, cultura, storia e natura: tutto ciò che c'è da sapere sull'isola e sui suoi abitanti

Francia. Le numerose strutture difensive che ancora oggi si possono ammirare sono le uniche testimonianze rimaste di questo lungo periodo di dominio: da segnalare le grandi fortezze di Ajaccio, Algajola, Bastia, Bonifacio, Calvi, Girolata, Porto Vecchio e St-Florent, così come le torri di guardia che un tempo punteggiavano la costa, di cui ne rimangono circa 60, alcune in rovina.

Le opere più interessanti, tuttavia, sono i resti dei ponti edificati per potenziare le vie commerciali della regione: si tratta di maestose strutture con uno o più archi a volta, molto alti, costruiti per facilitare il passaggio anche con il fiume in piena.

INDIPENDENZA

"A terra corsa ai corsi" (la terra corsa ai corsi), *"I francesi fora"* (i francesi fuori): così suonano gli slogan di chi vorrebbe ottenere una maggiore libertà decisionale in ambito politico e amministrativo. Alla base delle rivendicazioni e dei tentativi di raggiungere, se non l'indipen-

Il monumento in onore di Pasquale Paoli, a Île-Rousse

denza nazionale, almeno una forma di autonomia finalizzata al potenziamento dello sviluppo locale, ci sono serie ragioni sociali ed economiche.

I gruppi di resistenza che combattono il potere centrale esprimono in modo diversificato le loro idee politiche: alcuni lo fanno direttamente in parlamento, altri con atti di violenza, ma tutti combattono la Francia "colonizzatrice" e i capi clan che in passato sono scesi troppo spesso e facilmente a compromessi con il potere centrale.

Gli unici segnali percepiti dai turisti, tuttavia, sono le numerose scritte sui cartelli stradali, le sigle dei partiti sulle facciate delle case e le immagini dei terroristi incappucciati. Purtroppo continuano a esserci atti di violenza il cui intento è quello di richiamare l'attenzione sull'eccessivo peso dei capitali stranieri, ma che possono anche essere espressione di rivalità economiche e meccanismi di stampo mafioso.

Essendo stata per secoli una terra di occupazione, la lotta per l'indipendenza affonda le sue radici in un passato lontano. Sampiero Corso (1498-1567) e Pasquale Paoli (1725-1807) sono due nomi che ricorrono spesso quando si parla di autonomia nazionale. Il primo, originario di Bastelica, si schierò a fianco dei Francesi contro i Genovesi, sconfitti nel 1553. Quando la Francia nel 1559 dovette cedere l'isola nuovamente ai Genovesi, Sampiero conquistò alcune parti della regione. Il secondo, nato a Morosaglia ed eletto "generale della nazione", nel 1755 conquistò l'indipendenza e stilò una costituzione progressista e democratica. Genova dal conto suo ignorò l'indipendenza e nel 1768 cedette la Corsica alla Francia, che a sua volta piegò le truppe corse un anno più tardi.

LINGUA

In passato il francese, in quanto lingua scritta e ufficiale, aveva relegato il corso alla sfera privata; ma da qualche anno la situazione è cambiata.

Nella scuola primaria il corso è di nuovo una materia d'insegnamento obbligatoria ed è spesso usato per redigere articoli di giornale o nei testi delle canzoni composte dai gruppi musicali locali; anche il numero di lezioni in entrambe le lingue organizzate dalle diverse strutture scolastiche è in aumento, così come le indicazioni stradali di diverse località. Anzi, poiché spesso i nomi francesi sono stati cancellati e risultano perlopiù illeggibili, è aumentato l'uso dei toponimi corsi.

MUSICA

Il carattere introverso degli isolani viene esplicitato anche nelle tonalità e nelle melodie delle canzoni popolari, che risultano spesso tristi e malinconiche. Molte hanno origini antiche, come ad esempio i "lamenti", i canti in versi basati sulla tecnica dell'improvvisazione dedicati ai defunti e intonati durante i funerali. Nelle festività religiose, invece, gli uomini si esibiscono nella *paghjella*, un solenne componimento a più voci che si canta a cappella; durante l'esecuzione gli interpreti stanno l'uno accanto all'altro e si tappano un orecchio per potersi concentrare meglio sulla propria voce. Nel 2009 questa forma artistica è stata addirittura dichiarata dall'Unesco Patrimonio Culturale dell'Umanità.

Molto diffuso è anche il *chjame e rispondi*, con due cantanti che si confrontano animatamente in una sorta di sfida musicale improvvisata, dove devono dimostrare le rispettive doti creative e canore.

Molti gruppi locali hanno riscoperto la tradizione culturale dell'isola e la ripropongono al pubblico con ritmi e strumenti moderni. Le band più conosciute sono I Muvrini, Canta u Populu Corsu e A Filetta, che ● si esibiscono soprattutto in concerti estivi riscuotendo un discreto successo anche sulla terraferma.

NAPOLEONE

Il celebre imperatore francese nacque ad Ajaccio nel 1769, ma in Corsica visse per poco tempo, solo gli anni dell'infanzia.

Se non avesse ricevuto una più degna sepoltura sul continente, avrebbe voluto una tomba nel paese d'origine. La salma, invece, è custodita nel Dôme des Invalides di Parigi, motivo per cui nella sua città natale non rimangono che alcune feste a lui dedicate (intorno al 15 agosto), qualche monumento commemorativo, la casa di famiglia e l'aeroporto che dal 2007 porta il suo nome.

LO STEMMA DELLA CORSICA

Nessuno sa esattamente come la *testa mora* sia diventata l'emblema dell'autonomia corsa.

Il simbolo compare nei luoghi più svariati, addirittura sui pulpiti intagliati di chiese antiche. L'unica cosa certa è che fu scelto una volta ottenuta l'indipendenza in una riunione del consiglio di Pasquale Paoli, nel 1762.

Da allora, quella che in origine doveva essere la benda che copriva gli occhi degli aggressori condannati a morte, è stata spostata sulla fronte.

Si presume che il riferimento sia alla tradizione dei sovrani ellenistici i quali, per indicare di aver occupato un territorio, si mettevano una fascia bianca in testa.

PARCHI

Il Parc Naturel Régional de la Corse occupa quasi un terzo dell'intera superficie dell'isola. Senza il consenso unanime dei circa 150 comuni dell'entroterra che ne fanno parte, tuttavia, non può mettere in pratica alcuna proposta di protezione e sviluppo ambientale.

La riserva naturale, inoltre, amministra e gestisce tutti i sentieri a lunga percorrenza, il celebre tracciato GR20, il percorso "Mare a Mare" e quello "Mare e Monti" che, sviluppandosi a media altitudine, collegano diversi paesi della regione.

PREISTORIA

Nel Neolitico la Corsica era popolata da cacciatori, raccoglitori e pescatori che inizialmente vivevano in grotte o rifugi tra le rocce, mentre in seguito in insediamenti situati perlopiù sulle alture.

A metà del IV secolo a.C., si sviluppò la civiltà megalitica: all'epoca, il culto dei morti prevedeva la costruzione di tombe formate da monumentali lastre di pietra incassate nel terreno e poi ricoperte da un cumulo di terra; più tardi, invece, furono erette in superficie, simili ai dolmen. Accanto venivano posizionate delle colonne di pietra che funzionavano da "seggi delle anime" dei defunti.

Oggi si possono ancora ammirare menhir alti fino a 4 m e statue con rudimentali sembianze umane, abbozzi di vestiti e, a volte, armi. Furono erette alla fine del periodo megalitico, intorno al 1500 a.C., fase in cui si presume si sia sviluppata la civiltà dei torreani, noti per le "mura ciclopiche", costituite da enormi blocchi di granito accatastati, e per le *torres*, torri alte fino a 7 m dove venivano rinchiusi i menhir.

I siti archeologici più importanti si trovano quasi tutti nella parte meridionale dell'isola.

SPIAGGE

La Corsica vanta una quantità sconfinata di belle spiagge e per questo motivo è una meta di vacanza molto gettonata.

Sulla costa orientale, da Bastia a Solenzara, i lunghi litorali di sabbia sono intervallati da numerosi villaggi turistici, mentre nella parte meridionale piccole baie bianche si susseguono fino al golfo di Sant'Amanza.

A Bonifacio ci si può tuffare dagli scogli calcarei, e anche tra il golfo di Roccapina e Tizzano si aprono stupendi arenili. Invece sulla costa ovest, da Propriano verso nord, le spiagge sono raggiungibili solo via mare o a piedi su sentieri.

Tra Sagone e Calvi si trovano le località balneari di Cargèse, Porto, Galéria e, per gli amanti delle gite in barca, la baia di Girolata, mentre proseguendo verso nord, in direzione di Lozari, ci sono diverse baie balneabili.

I luoghi più isolati del Désert des Agriates sono raggiungibili in fuoristrada, a cavallo o a piedi.

A St-Florent potete invece sdraiarvi sull'ultimo lungo arenile prima di arrivare a Cap Corse, accessibile solo in pochi punti, come la spiaggia nera di Nonza, Centuri-Port o l'estrema punta settentrionale.

A est ci sono soprattutto stretti litorali di sabbia o ghiaia.

TORRI

Durante il dominio genovese vennero costruite sulla costa numerose torri di guardia che avevano la funzione di proteggere la popolazione locale dalle incursioni dei pirati.

Intorno all'isola sorgevano 150 bastioni i cui guardiani, quando avvistavano navi nemiche, comunicavano tra loro accendendo un fuoco, in tal modo anche la popolazione veniva avvisata e la notizia giungeva velocemente alla torre più vicina. In circa due ore tutti erano messi in allerta.

Le strutture oggi visitabili sono purtroppo poche, ma vale la pena salirci quando possibile per godere dello splendido panorama che si apre tutt'intorno.

ticolare d'estate, molto esposti al rischio di incendi.

Non di rado la macchia ha anche offerto un sicuro rifugio ai banditi in fuga dalle forze dell'ordine e a chi voleva saldare i conti con la vendetta privata.

L'avventuroso sentiero GR20

VEGETAZIONE

Ampie zone dell'isola sono coperte da una fitta macchia mediterranea.

A seconda dell'altitudine e dell'esposizione al sole, questa può essere più o meno alta (raggiunge anche i 4 m), più o meno folta e vasta (a volte copre il dorso di un'intera montagna). La macchia è formata da diverse specie di piante, i cui oli essenziali vengono utilizzati nella produzione di profumi e cosmetici.

Purtroppo, come accade anche in Italia, sia i cespugli che gli alberi sono, in par-

VENDETTA

Un tempo la società corsa, come molte altre di stampo rurale, era molto legata al concetto di onore, tanto che il codice giustificava la vendetta *(vindetta còrsa)* come risposta a una grave offesa ricevuta. Era accettato addirittura l'omicidio, fatto che ebbe conseguenze terribili: si conta che nella prima metà del XIX secolo furono uccise per vendetta quasi mille persone all'anno e perlopiù i responsabili non furono arrestati ma rimasero latitanti. In Corsica perfino un coltello si chiama "vendetta".

MANGIARE E BERE

La tradizione e la sostenibilità sono concetti imprescindibili per gli isolani, che preferiscono puntare su prodotti dall'alto valore nutritivo, sull'allevamento estensivo, sulla riduzione dell'inquinamento grazie alla vendita sul posto e sull'agricoltura biologica (sigillo di qualità AB, *Agriculture Biologique*), in continua espansione.

La natura incontaminata e la produzione che si concentra sulla qualità e non sulle grandi quantità sono i presupposti fondamentali per il gusto e la genuinità degli alimenti. Le api raccolgono la maggior parte del nettare e del polline direttamente nella macchia mediterranea e sui castagni non trattati. I ***maiali pascolano allo stato brado*** cibandosi di faggiole, ghiande e castagne. I contadini, dal canto loro, cercano di salvaguardare e tenere vive conoscenze che si tramandano da generazioni, opponendosi a politiche di massimizzazione dei profitti che stanno tentando di far breccia nel sistema agricolo dell'isola. In origine l'orticoltura e l'allevamento di animali di piccola taglia fornivano gli ingredienti di base per una cucina povera ma gustosa. L'osso del prosciutto cotto con la zuppa di verdure *(soupe corse)* veniva utilizzato più volte, fino a quando non perdeva completamente il sapore. Ancora una cinquantina di anni fa la ! farina di castagne, oggi considerata un prodotto pregiato (€12-€15 al chilo), era sempre presente sulle tavole corse e veniva considerata un alimento fondamentale nella dieta dei bambi-

In foto: erbe e spezie al mercato

Il gusto della semplicità: gli ingredienti sono il punto di forza della cucina corsa, sempre genuini e a chilometro zero

ni, spesso denutriti. L'arrosto di capra *(cabri)*, l'agnello *(agneau)* o il manzo *(bœuf)*, invece, erano prelibatezze che le famiglie più povere si potevano permettere solo nelle occasioni speciali. Poiché cacciatori e pescatori non mancavano, il menu era spesso arricchito con piatti a base di **selvaggina**, soprattutto cinghiale *(sanglier)*, e di pesce, perlopiù trote *(truites)*. La creatività delle donne di casa faceva il resto: le **erbe selvatiche** come la menta, l'erba gatta e il timo di montagna conferivano un sapore inconfondibile a svariate ricette. Dalla frutta che cresceva selvatica o in giardino si ottenevano confetture e diversi tipi di liquore, tra cui ad esempio quello alla castagna, al cedro, al fico, al mirto, al corbezzolo *(arbouse)* e alla clementina.

Oggi questa economia di sussistenza non esiste più e i piccoli stabilimenti di produzione dimostrano con orgoglio che tradizione e modernità possono convivere e, allo stesso tempo, garantire un'alta qualità. Sono quindi nati

SPECIALITÀ

bastelle – gustosi fagottini di pasta ripieni di bietole *(blettes)*, zucca *(courges)* o cipolle *(oignons)*
brocciu – formaggio fresco. Semplice *(nature)*, zuccherato e cosparso di acquavite *(eau de vie)*, salato nei *cannelloni au brocciu (foto a destra)*, nei ravioli, nei bignè *(beignets, fritelli)* o nella frittata; si usa anche per preparare un dolce al limone *(fiadone, ambrucciata) (foto a sinistra)*
canistrelli/cucciole – biscotti friabili, semplici oppure aromatizzati con mandorle, noci, limone o anice
casgiu merzu – formaggio di pecora con i vermi, una specialità tipica della Corsica
châtaignes – dolci e aromatiche per natura, le caldarroste sono un tipico prodotto autunnale. Con la farina delle castagne si preparano torte, gelati, liquori e perfino dell'ottima birra. La *pulenda*, una specie di gnocco a base di farina di castagne, viene servita a fette con salsicce grigliate, uova al tegamino e *brocciu*
confiture de figues – confettura di fichi, ottima con il formaggio
Pain de Mort – con uvetta e noci; in origine si preparava solo per il giorno dei santi e per quello dei morti
piverunata – ragù di capra *(cabri)* con peperoni
sanglier – cinghiale come antipasto *(terrine de sanglier)*, coscia alla griglia o ragù
sangui – piatto a base di verdure con sanguinaccio, lardo e uvetta
sardines farci – sardine ripiene
stufatu – pasta condita con ragù di manzo, vitello o agnello
torta castagnina – un dolce preparato con noci, mandorle, pinoli e uvetta
zuppa corsa *(soupe corse)* – una gustosa minestra di verdure, che prevede sempre l'uso di bietole e fagioli borlotti

moderni ***caseifici***, che però continuano a seguire i metodi tradizionali di produzione. Tra i prodotti caseari più interessanti si trovano il formaggio duro *(tomme)*, in genere di latte di pecora, il pecorino fresco *(brébis)*, il caprino più stagionato *(chêvre)* e il formaggio a pasta morbida che prevede l'utilizzo di entrambi i tipi di latte *(brocciu)*, contrassegnato dalla denominazione di origine

protetta AOP *(Appellation d'Origine Protégée)*, in vendita solo in inverno e in primavera. Altra cosa è la *brousse*, una varietà vaccina leggermente insipida, presente nelle vetrine dei negozi di alimentari e sulle bancarelle dei mercati in qualsiasi stagione dell'anno.
Oltre ai prodotti caseari la cucina corsa contempla anche ***ottimi salumi e affettati***, come la coppa, il filetto di maiale *(lonzu)* e le salsicce di fegato *(figatelli)*, tutti affumicati e in vendita nelle macellerie e nei supermercati. La coppa e il *lonzu* sono speziati e vengono spesso serviti come antipasto di *charcuterie corse* accompagnati dal prosciutto crudo *(prisuttu)*.
Anche il pesce fresco e i ***frutti di mare*** come le aragoste, le cozze, i ricci e le ostriche provenienti dagli *étangs* della costa est sono molto diffusi, nonostante siano piuttosto cari. Di solito nei menu non mancano l'orata *(daurade)*, la triglia *(rouget)* e la spigola *(loup)*, insaporite dalle profumate erbe selvatiche che crescono sull'isola.
Le trote migliori *(truites)*, invece, sono quelle pescate sulle montagne dell'entroterra. Un classico è la zuppa di pesce *(soupe de poisson)* servita con pane bianco tostato sfregato con aglio o accompagnata da salsa *rouille* (a base di aglio, zafferano, olio di oliva, peperoni e pane bianco o patate) e formaggio grattugiato.
Di solito l'offerta dei menu è abbastanza ampia e un pasto comprende un antipasto, un piatto principale e un dessert. Anche il bere non va sottovalutato, con aperitivi come il *Cap Corse* o il *muscat*, una buona ***birra di castagne*** o un vino locale. Se il rosé è perfetto per le ricette a base di pesce o per i piatti più leggeri, portate sostanziose quali il ragù di vitello con olive, il cinghiale, l'agnello o il manzo richiedono un rosso, decisamente più corposo. E per concludere, assaggiate un digestivo *(digestif)*: la ***grappa al mirto*** è il più diffuso, ma se preferite qualcosa di dolce potete ordinare il liquore di mirto o di castagne.
Fatta eccezione per alcuni bar, gli orari seguiti dai ristoranti sono abbastanza rigidi: la cucina apre a mezzogiorno per il pranzo e verso le 19-20 per la cena. Molti locali nelle zone turistiche sono aperti solo in alta stagione.

Le ostriche degli *étangs* della costa est

SHOPPING

Di solito le isole sono leggermente più care rispetto alla terraferma; e infatti anche in Corsica è necessario aggiungere ai normali prezzi italiani circa un 15%.
Un modo semplice per risparmiare è quello di portare da casa almeno le creme solari e tutto il necessario per la spiaggia e le immersioni, in modo da godersi appieno le bellezze della regione senza dover spendere un capitale.
Gli abitanti dell'isola stanno cercando di migliorare l'offerta turistica per soddisfare le diverse esigenze dei visitatori stranieri e offrire loro articoli di buona qualità; un esempio è il sigillo bianco e verde (AB) presente sui prodotti derivati dall'agricoltura biologica. Sempre più diffuso è anche il marchio AOP *(Appellation d'Origine Protégée)*, rilasciato secondo norme molto severe legate alle zone di coltivazione e alle quantità del raccolto.
In alta stagione, i grandi supermercati e molti negozi fanno orario continuato, mentre quelli più piccoli sono chiusi il lunedì mattina.
Gli esercizi commerciali aprono in genere dalle 9-9.30 alle 12 e dalle 14.30 alle 19, i supermercati fino alle 20. Nell'entroterra, il pomeriggio, i negozi aprono sovente verso le 16.

ARTIGIANATO

Sulle bancarelle dei mercati e nella maggior parte dei negozi si trovano gioielli di pregiata fattura (quelli tipici sono in corallo), coltelli, oggetti in vetro, ceramiche, giocattoli in legno, cesti e articoli in lana. In Balagne, inoltre, potete seguire il tracciato della "Strada di l'Artigiani", un percorso studiato per promuovere la produzione locale.
I dépliant del CREPAC ! "Routes des Sens Authentiques", spesso disponibili negli Offices de Tourisme *(www.visitcorsica.com)*, forniscono diverse informazioni utili per chi fosse interessato all'acquisto di oggetti tipici e specialità gastronomiche.

COSMETICI

Corsica Essences è un'azienda dell'entroterra aperta da pochi anni, specializzata nella produzione di cosmetici biologici realizzati con oli essenziali estratti dalle piante che crescono sull'isola.
Ideali come souvenir da mettere in valigia, anche perché facili da trasportare, sono i saponi e i bagnoschiuma con profumazione "riva del mare", "frutteto", "boschetto" e "montagna", acquistabili

Nei negozi o direttamente dal produttore: l'enogastronomia legata al territorio offre un'ampia scelta di prodotti di qualità

in molte farmacie della regione oppure direttamente online sul sito internet *www.fleursdemaquis.com*

MUSICA

Non dimenticate di comprare un cd per riascoltare la musica tipica dell'isola una volta tornati a casa. Potete scegliere tra i canti polifonici tradizionali del gruppo A Filetta, la musica sacra e le tematiche politiche di Canta U Populu Corsu, il rock e perfino lo ska delle band più giovani.

SPECIALITÀ GASTRONOMICHE

Potete acquistare olio di oliva di qualità nelle cooperative e nei negozi più eleganti, ma anche nei supermercati, oppure ottime confetture e i *canistrelli*, i biscotti a base di farina di frumento, zucchero, vino bianco e grappa; assaggiate le ! *cucciole au vin blanc* della Maison Casanova. Oppure comprate una confezione di ! zuppa di pesce della Conserverie Casatorra nella resistente latta blu e gialla facilmente trasportabile, così la potrete gustare a casa accompagnandola con la salsa *rouille* e con fette di pane abbrustolite e sfregate con l'aglio. Infine, non può mancare in valigia una bottiglia di rosé del Domaine Peraldi, AOP Ajaccio.

VINI E SUPERALCOLICI

Negli ultimi anni la qualità dei vini corsi è decisamente migliorata. I tre vitigni tradizionali si chiamano *niellucciu*, *sciacarellu* e *vermentinu*. Le regioni vinicole dotate del marchio di qualità AOP sono Patrimonio, Cap Corse, Calvi, Ajaccio, Sartène, Figari e Porto Vecchio, mentre i vini da tavola provengono soprattutto dalla pianura orientale. Liquori e brandy alla frutta sono perfetti come digestivo: acquistate l'inconfondibile *liqueur de châtaigne* o un aromatico vino di frutta alle arance amare *(oranges amères)*.

IL NORD

La parte settentrionale dell'isola si divide in due regioni chiaramente distinte l'una dall'altra.

La prima è quella che si estende intorno a Cap Corse, una vera e propria Corsica in miniatura dal punto di vista paesaggistico, con a est Bastia e a ovest la località balneare di St-Florent. La seconda è la Balagne, la zona verdeggiante del promontorio occidentale, con le località balneari di Île-Rousse e Calvi, il piccolo porto di Galéria e spiagge lunghe chilometri.

BALAGNE

(140-141 C-D 1-2) (🕮 C-D 6-7) **Il dolce paesaggio collinare della *Balagne fertile*, delimitata a nord est dal massiccio montuoso, è ricco di valli meravigliose ed è considerato il "giardino della Corsica". Invece la *Balagne déserte*, che si estende a sud di Calenzana fino a Galéria, è disabitata e coperta dalla macchia.**

La parte più fertile era popolata già nell'Età del ferro e successivamente fu occupata dai Romani, che ne sfruttarono i terreni soprattutto per l'agricoltura. Con il dominio dei Saraceni, invece, gli abitanti si rifugiarono nell'entroterra. Poi arrivarono i Genovesi, che vi costruirono rocche e fortezze per proteggere la costa dalle incursioni pirate.

Viste le numerose dominazioni straniere, i corsi evitarono per secoli la *piaghja* (pianura) e si dedicarono perlopiù alla coltivazione dei campi situati nell'interno, almeno fino alla fine del XIX secolo,

 In foto: spiaggia nei pressi di Nonza

Bastia, St-Florent, Île-Rousse e Calvi sono meravigliose cittadine costiere con uno splendido panorama sull'entroterra

periodo in cui ebbe inizio l'esodo dalla campagna e la conseguente fase di declino. Nel 1957 un incendio distrusse ettari di ulivi secolari devastando anche molti terreni e foreste. Ancora oggi le alte temperature sono una delle principali cause dei fuochi che divampano in questa zona durante la stagione estiva, arrecando danni considerevoli sia all'ambiente sia alle proprietà dei contadini. Anche la siccità è spesso un problema per l'irrigazione dei campi, cui si è cercato di ovviare con la costruzione del lago artificiale presso Regino. Il turismo, invece, è una fonte di guadagno essenziale per questa microregione.

NEI DINTORNI

BELGODÈRE (141 E1) (*D6*)

Un vecchio mulino, le rovine del monastero *Madunuccia* e un forte che si erge imponente sull'antico paesino situato nella verde valle del piccolo fiume Prato. Da qui la splendida strada sopraelevata D71 di Paoli conduce verso Lumio, correndo a media altezza sulla Balagne e aprendosi sul fertile bacino del Regino, con al centro il lago artificiale *Barrage de Codole*.

CALENZANA (140 C2) *(🗺 C7)*
Questo grazioso paesino (2300 abitanti) è immerso in uliveti e boschetti di mandorli ai piedi del Monte Grosso. È noto per il miele aromatico e per le *cusgiulelle*, biscotti a base di vino bianco. Da qui partono le escursioni sul sentiero GR20 o sul più semplice itinerario "Tra Mare e Monti".

A Pigna vivono e lavorano abili scultori e intagliatori

CORBARA (138 A6) *(🗺 D6)*
Nell'ex capoluogo (980 abitanti) della Balagne dovete assolutamente visitare il *Castel de Corbara*, raggiungibile con una piacevole passeggiata in salita che arriva a un meraviglioso punto panoramico aperto sul mare e al *Petit Musée (tutti i giorni 15-18 | ingresso gratuito)*, il museo privato di Guy Savelli in Place de l'Eglise (ben segnalato). Qui potrete ammirare diverse opere medievali come ritratti, mappe, antichi libri di storia corsa e strumenti musicali, oltre a dipinti del XVI-XVIII secolo, lettere e disegni su pergamena del XII-XVII secolo.

LOZARI (138 B5) *(🗺 D6)*
Questa splendida spiaggia si trova nel punto più settentrionale della Balagne. L'accesso è libero, ma è ogni anno più affollata per la vicinanza di un nucleo urbano di recente costruzione.

MONTEMAGGIORE
(140 C1) *(🗺 C7)*
Il paese sorge al di sopra del bacino del fiume Secco e offre magnifici panorami su Calvi e sulla catena del Monte Grosso. 5 km più a nord si trova il passo di Salvi (509 m), anch'esso con una splendida veduta sul paesaggio circostante. Per due giorni, nella seconda metà di luglio, questa tranquilla località si anima in occasione della **!** *Fiera di l'Alivu*, il grande mercato delle olive. Gli agricoltori della zona presentano i loro prodotti ai numerosi visitatori che vi accorrono: olio di oliva, formaggi, *charcuterie* (salumi), pane, torte, biscotti e oggetti di artigianato come articoli intagliati nel legno di ulivo, gioielli e ceramiche.

PIGNA ★ ● (138 A6) *(🗺 D6)*
La *Corsicada*, il consorzio degli artigiani, è nata a Pigna negli anni '60. Il paese, infatti, è popolato da un centinaio di abitanti che propongono nelle loro botteghe interessanti lavori realizzati a mano. Un'associazione impegnata nella promozione della musica tradizionale mette a punto un **!** programma annuale in cui rientra anche "Estivoce", il principale evento culturale della stagione estiva che a inizio luglio richiama artisti, esperti, appassionati e un pubblico entusiasta. *www.centreculturelvoce.org*

SANT'ANTONINO ★
(138 A6) *(🗺 D6)*
Un suggestivo paesino che si è sviluppato intorno a un castello eretto nel IX secolo su un crinale alto 500 m che sembra sor-

gere direttamente dalla roccia. Il borgo, raggiungibile lungo una piccola strada che termina nella piazza della chiesa, è attraversato da stretti passaggi con gradini che conducono ai resti delle mura della fortezza. I ristoranti del luogo si aprono spesso su splendidi panorami.
Un bel locale situato all'inizio del centro abitato è quello gestito da Olivier e *maman* Monique Antonini, che offrono ai loro clienti una rinfrescante ! spremuta di limoni di produzione propria a cui si può aggiungere acqua fredda e zucchero quando viene servita ai grandi tavoli in legno che si trovano nella saletta interna. Nella piccola azienda vinicola *Clos Antonini*, durante la stagione della vendemmia, potete anche provare il *mélange* (succo d'uva con succo di limone) o una delle altre specialità come il vino della casa (rosso, bianco, rosé), il vino al limone e le confetture. Volendo potete consumare sul posto il pranzo al sacco; oppure potete fare una breve escursione panoramica sul dorso della montagna fino ai piedi del Monte Sant'Angelo (526 m): i più allenati raggiungono la cima in circa un'ora di cammino.

SPELONCATO (141 D1) (*D7*)

Questo splendido comune sorge a 553 m di altitudine lungo la D63, che continua poi su una ripida salita. Le alte case si concentrano intorno a una roccia imponente e nella piazza centrale, *Place de la Libération*, si trova il palazzo del cardinale Savelli, oggi unico albergo del posto. Chi sale fino alla *Bocca di Battaglia* può fermarsi a mangiare da *A Merendella (Pasqua-ott tutti i giorni, inverno solo sab-dom | Col de Battaglia, Pioggiola | tel 04 95 46 24 28 | merendella.e-monsite.com | €€)*, un locale da cui si apre un magnifico panorama e dove si possono assaggiare gli ottimi piatti proposti dal cuoco Stéphane, tutti a base di ingredienti freschi spesso di produzione propria (salumi, confetture). Di qui si parte anche per l'escursione sul Monte Tolu (circa 2,5 ore andata e ritorno).

VALLE DI TARTAGINE

(141 D-E2) (*D-E7*)

La valle più orientale della Balagne è quella con il paesino di *Olmi-Cappella*. Qui potete fare una passeggiata tra le foreste *Tartagine* e *Melaja*, ai piedi del Monte Padru.

MANGIARE E BERE

BAR RESTAURANT LE PASSAGE

(138 A6) (*D6*)

Antiche ricette della tradizione, proposte dalla famiglia Savelli. Prenotazione ob-

LE SCELTE MARCO POLO

★ **Pigna**
Musica, scultura, pittura: il cuore della scena culturale → p34

★ **Sant'Antonino**
Il paese fondato nel IX secolo, in alto su una collina → p34

★ **Calvi**
La cittadella si erge maestosa sul centro abitato → p40

★ **Valle del Fango**
Un paradiso per fare il bagno e per camminare → p43

★ **Nonza**
A Cap Corse, un borgo sopra una spiaggia nera → p44

★ **San Michele de Murato**
Una magnifica chiesa pisana e un'ampia veduta sull'isola → p49

bligatoria. Aperto solo di sera. *All'inizio del centro abitato di Corbara | tel 04 95 60 28 00 | €€*

! CASA MUSICALE
(138 A6) (*D6*)
Un dehors dalla suggestiva atmosfera per una cena sotto le stelle; talvolta in estate si organizzano concerti. Il menu prevede agnello, cinghiale e capretto, spesso cucinati in modo originale. Prenotazione obbligatoria. Volendo potete anche fermarvi per la notte (€€). *Place de l'Église | Pigna | tel 04 95 61 77 31 | www.casa-musicale.org | €€€*

CHEZ EDGAR (138 A6) (*C6*)
Un ristorante di Lavatoggio che usa solo prodotti freschi per la realizzazione di ottimi piatti tipici. Servizio eccellente. Il locale è aperto solo di sera ed è necessario prenotare. Non sono previsti né un menu, né piccole portate. *Pasqua-ott solo di sera | Lavatoggio | tel 04 95 61 70 75 | www.chez-edgard.fr | €€*

SHOPPING

L'ASTRATELLA (140 C1) (*C6*)
Prodotti naturali a base di erbe selvatiche: oli essenziali artigianali, puri e per massaggi. *Ben segnalato, un po' lontano dalla T30 (ex N197) appena oltre Lumio in direzione di Calvi | www.astratella.com*

DOVE DORMIRE

COUVENT ST-JEAN (138 A6) (*D6*)
Una sistemazione diversa dal solito, a Corbara, semplice e conveniente. La struttura è gestita da sette monaci che organizzano diverse attività, ma è possibile pernottare anche senza partecipare agli eventi. Si può scegliere il servizio di mezza pensione. I bambini fino a cinque anni non pagano. Si prenota per telefono o via e-mail. *Corbara | tel 04 95 60 06 73 | www.stjean-corbara.com | €*

HÔTEL MARE E MONTI
(141 D1) (*D7*)
Questo hotel ha un fascino un po' démodé e un ristorante che propone cucina corsa. *16 camere | Feliceto | tel 04 95 63 02 00 | www.hotel-maremonti.com | €€*

A PASTURELLA (138 B6) (*D6*)
Stanze semplici ma raffinate, in una splendida posizione. Il ristorante serve eccellenti piatti tipici. *12 camere | Monticello | tel 04 95 60 05 65 | www.a-pasturella.fr | €€*

LE PATIO (138 A6) (*D6*)
Questo albergo diffuso, con piccole strutture indipendenti, è situato nella parte alta del paese di Corbara. Belle stanze con elementi in pietra naturale e servizio ristorante. *Marzo-dic | 7 camere | Hameau du Borgu | tel 04 95 47 35 50 | www.location-corbara.com | €*

! A SPELUNCA (141 D1) (*D7*)
L'antico palazzo del cardinale si trova nella piazza centrale del paese. Le camere sono un po' antiquate, ma pulite e ordinate. *Apr-ott | 18 camere | Speloncato | tel 04 95 61 50 38 | www.hotel-a-spelunca.com | €*

BASTIA

CARTINA NEL RISVOLTO DI COPERTINA

(139 E-F5) (*G5-6*) **Con i suoi 43.500 abitanti, Bastia è la seconda città più grande dell'isola nonché importante polo economico della regione.**
Il centro storico ha tuttavia conservato il carattere originale: la città è costituita dalla zona di *Terra Vecchia*, l'area dell'antico paese di pescatori Cardo, e da quella

di *Terra Nova*, la parte genovese fondata nel 1380. Avenue Maréchal Sebastiani, con l'ufficio turistico in Place St-Nicolas, collega la stazione al porto nuovo. Intorno alla piazza, con un parcheggio sotterraneo, si trovano le più belle vie dello shopping: Rue Napoléon e Boulevard Paoli.

DA VEDERE

CHIESE

La chiesa barocca di *St-Jean-Baptiste*, edificata nel XVII secolo, è la più grande dell'isola. Gli esterni presentano due imponenti campanili che si ergono sul porto, gli interni sono scuri e maestosi. Dietro al bacino portuale si trova anche la *Chapelle de l'Immaculée Conception*, abbellita da oro genovese, velluto rosso e marmo. La vicina *Chapelle St-Roch*, con una facciata disadorna ma ben ristrutturata, fu eretta dopo la peste del 1598. All'estremità sud della cittadella, infine, si innalza la cattedrale di *Ste-Marie*, sede vescovile dal 1540 al 1801, con interessanti opere d'arte. La *Chapelle Ste-Croix*, sul retro, è un edificio barocco con putti e viticci. *Chiuse dom pomeriggio*

MUSÉE DE LA MINIATURE

Al di sotto della fortezza, il villaggio in miniatura con personaggi in costume tradizionale realizzato da René Mattei permette di farsi un'idea di com'era la vita di paese in passato. *Apr-metà ott tutti i giorni 9-12 e 14.30-17.30 | La Poudrière | a sud ovest della cittadella | ingresso €4*

PLACE ST-NICOLAS

Sistematevi sulle comode sedie in vimini dei caffè che si affacciano su Place St-Nicolas. Anche gli abitanti del luogo amano trascorrere qui il loro tempo libero, tra il monumento ai caduti, il gazebo per la musica e la statua di Napoleone. Magnifica la vista che si apre sul mare.

TERRA NOVA (CITTADELLA)

La cinta muraria che circonda la zona intorno alla fortezza fu costruita nel 1453, anno in cui Bastia fu nominata capoluogo dell'isola. Accanto al palazzo del governatore in Place du Donjon si erge la torre da cui

A Bastia i traghetti sostano fuori dal porto peschereccio

Mattei: un testimonial d'eccezione per l'aperitivo alle erbe Cap Corse

la città ha preso il nome. Il *Jardin Romieu*, raggiungibile tramite la scalinata che sale dal porto, è un luogo perfetto per un caffè e una piacevole passeggiata.

TERRA VECCHIA (PORTO VECCHIO)

Piccole imbarcazioni e grandi yacht, caffè e ristoranti, vicoli stretti, antiche case, alte facciate sgretolate: la zona intorno al porto vecchio *(vieux port)* era il cuore della cittadina medievale, fondata nel bacino naturale del paese di pescatori Cardo. Fate una passeggiata sul molo *Jetée du Dragon* e godetevi la splendida vista che si apre sulla città e sul mare, particolarmente bella al mattino presto. Una piccola via che parte dal lungomare Quai des Martyrs de la Libération, con i numerosi dehors dei locali, conduce a Place de l'Hôtel de Ville e all'antico municipio.

MANGIARE E BERE

CHEZ VINCENT

Pizza, ottime ricette tradizionali e una meravigliosa vista sul centro storico e sul porto. *12 rue St. Michel | la Citadelle | tel 04 95 31 62 50 | €-€€*

! GLACIER RAUGI

Il miglior gelato di Bastia, da tre generazioni. *2 rue Chanoine Colombani*

A MANDRIA

Non la solita *omelette au brocchiu*, ma piatti tipici rivisitati, di carne e di pesce. Nella piazza del mercato. *Lug-agosto tutti i giorni, set-giu chiuso lun-mar | 4 place de l'Hôtel de Ville | tel 04 95 35 17 11 | €€-€€€*

U SAN MARTINU

Pochi chilometri più a nord, a *San Martinu di Lota*, si trovano un piccolo ristorante e sei camere per gli ospiti (€) che si affacciano sulla piazza della chiesa. Ottima cucina tradizionale, tra cui crêpes con formaggio fresco, il tutto accompagnato da una calorosa accoglienza familiare. *Tel 04 95 32 23 68 | ferme-usanmartinu.com | €-€€*

SHOPPING

BOUTIQUE MATTEI

L'azienda produce il leggendario aperitivo Cap Corse e altri tipi di bevande, alcoliche e analcoliche. Potete anche acquistare alcuni oggetti storici della ditta, veri e propri pezzi da collezione come manifesti, bicchieri e originali souvenir. I vini alla frutta, i liquori e gli sciroppi sono ottime idee regalo da mettere in valigia. *Place St-Nicolas | www.capcorsemattei.com*

IMIZA – ILE DE BEAUTÉ

Gli oli essenziali estratti dalle piante della tenuta sul Cap Corse gestita da questa piccola azienda, aperta al pubblico, sono i principali ingredienti di cosmetici biologici, profumi e lozioni per il corpo. *15 boulevard de Gaulle | tel 04 95 38 78 19 | www.imiza.com*

SPORT E TEMPO LIBERO

OBJECTIF NATURE

L'offerta completa delle attività che si possono svolgere nella regione, consulenze e indirizzi utili. Con Louis tutto (o quasi) è possibile, comprese le gite in kayak e le ! battute di pesca notturna con cena a bordo. *3 rue Notre Dame de Lourdes | tel 04 95 32 54 34 | www.objectif-nature-corse.com*

DI SERA

O'CONNORS

Iniziate la vostra serata in questo pub del centro storico prima di spostarvi in discoteca. Karaoke il mercoledì, musica anni '80 il giovedì. *1 rue St. Erasme*

LE RAFAELLO

Tutti in pista: in questa discoteca la festa inizia verso mezzanotte. *Gio-sab 23-5 | 5 rue Chanoine Leschi, nei pressi del porto dei traghetti | www.lerafaello.com*

DOVE DORMIRE

Gli alberghi sul Cap Corse o a sud di Bastia sono più tranquilli, ideali per la notte precedente alla partenza in traghetto.

L'ALIVI

Direttamente sul mare, 1 km a nord del porto turistico. Molto confortevole. *36 camere | Route du Cap | tel 04 95 55 00 00 | www.hotel-alivi.com |* €€€

BEST WESTERN CORSICA HOTELS

Un edificio ben arredato, con molti comfort, a 500 m dalla stazione. *71 camere | 10 avenue Jean Zuccarelli | tel 04 95 55 05 10 | www.corsica-hotels.fr |* €€

! HÔTEL CENTRAL

L'attenta ristrutturazione ha saputo mantenere l'eleganza e la raffinatezza dell'antico palazzo di città. 18 stanze arredate con cura, in ogni dettaglio. Posizione centrale e accogliente atmosfera familiare. Vivamente consigliato. *3 rue Miot | tel 04 95 31 71 12 | www.centralhotel.fr |* €€

INFORMAZIONI

All'estremità nord di Place St-Nicolas | tel 04 95 54 20 40 | www.bastia-tourisme.com

NEI DINTORNI

LA CANONICA (142 C1) *(G7)*

Non lontano dall'aeroporto, lungo il fiume Golo e accanto alla D107, sorge la cattedrale pisana di *Santa Maria Assunta, La Canonica (giu-metà set tutti i giorni 8.30-12 e 14-19)*, un edificio in pietra arenaria luminoso e ben proporzionato, in stile romanico. Accanto potete ammirare i resti delle mura dell'antico insediamento romano *La Mariana*, una basilica paleocristiana con una doppia fonte battesimale e pavimenti a mosaico. L'accesso allo scavo è gratuito. Si sta pianificando la costruzione di un museo archeologico *(per informazioni: tel 04 95 35 02 72 | www.musee-mariana.com)*.

ÉTANG DE BIGUGLIA
(139 F5-6) *(G6)*
La laguna ricca di pesci che si trova a sud di Bastia è un paradiso per gli uccelli e un'oasi ornitologica protetta. Percorrendo un sentiero che costeggia le sue sponde potete osservare diversi tipi di uccelli acquatici e rapaci. La visita è gratuita.

CALVI

(140 B1) *(C6-7)* ★ **Anche se non è dimostrato, Calvi (5500 abitanti) potrebbe essere stata la città natale di Cristoforo Colombo, fatto non impossibile visto che all'epoca della nascita del celebre navigatore il centro fortificato era sotto il dominio genovese.**
Le mura della cittadella si ergono imponenti all'estremità sud della baia e risplendono in tutta la loro bellezza su una distesa d'acqua blu cobalto. Sono suggestive anche le strette viuzze della città vecchia e la passeggiata che si snoda lungo il bacino portuale, sempre molto frequentata. La lunga spiaggia di sabbia del golfo digrada lentamente in mare, mentre i litorali più piccoli sono appena più lontani. Si possono raggiungere con la linea ferroviaria a scartamento ridotto verso Île-Rousse, che ferma in corrispondenza delle singole spiagge.

DA VEDERE

QUARTIERE DEL PORTO
Il Quai Landry, su cui si affacciano diversi ristoranti e caffè, è il punto di partenza delle escursioni in barca. Il porto dei traghetti si trova dietro l'antica *Tour du Sel*, costruita in difesa dei magazzini e utilizzata come deposito del sale, mentre davanti all'imponente struttura, al mattino, si tiene il mercato del pesce. Nel cuore del quartiere si erge anche la chiesa barocca di *Ste-Marie-Majeure* (1774), con un sagrato che diventa un popolare punto di ritrovo serale.

CITTADELLA
Attraversando un ponte levatoio si accede all'ex palazzo del governatore, che ospita l'ultima divisione della Legione Straniera sull'isola. Passeggiando tra le strette viuzze i panorami che si aprono sulla baia, sulle montagne e sulla penisola di Revellata sono molto suggestivi, così come il giro sulle antiche mura della fortezza. La presunta casa natale di Colombo, in *Rue Colombe*, è una rovina segnalata da un cartello, mentre su Place d'Armes svetta la cattedrale *St-Jean-Baptiste*, luminoso edificio a cupola con eccellenti opere d'arte.

MANGIARE E BERE

ANNIE TRAITEUR
Un'istituzione in città: prelibatezze regionali preparate al momento, volendo anche da asporto; inoltre è possibile acquistare specialità tipiche corse. *5 rue Clemenceau | tel 04 95 65 49 67 | www.annietraiteur.com |* €-€€

U FANALE
Portate raffinate, curate in ogni dettaglio, a 800 m dal centro. *Route de Porto | Quartier Mozello | tel 04 95 65 18 82 |* €€

PAIN DE SUCRE (140 C1) *(C6)*
Il bellissimo ristorante sulla spiaggia di Lumio serve pesce fresco, frutti di mare e anche piatti alla piastra. *Apr-ott lun-sab 9-24, dom 9-15 | tel 04 95 60 79 45 | www.le-pain-de-sucre.com |* €€

SHOPPING

Ogni giorno, nel piccolo mercato coperto, potete acquistare i prodotti tipici della

Balagne, mentre per il pesce dovete recarvi al porto.

MADE IN MAQUIS

Cosmetici naturali di Casanera, curati anche nel packaging. Ci sono filiali a Bastia e a Porto Vecchio. *3 boulevard Wilson | tel 04 95 38 94 27*

LE MOULIN ATRIUM

(140 C1) (C6)

Nell'antico mulino del 1853, restaurato e ubicato sulla T30 (ex N197) tra Calvi e Lumio, si trovano pregiati prodotti e souvenir corsi. Qui si può anche prendere un caffé. *Chiuso dom | Consolata | Lumio | tel 04 95 36 47 90*

DI SERA

CAFÉ DES FLEURS

In questo piccolo locale ad angolo, nei pressi del mercato coperto, tapas e vino vengono serviti direttamente al bancone o nel cortile interno. Il proprietario, Tony Guglielmacci, è un cantante e chitarrista e spesso organizza concerti con altri musicisti. *Tutti i giorni 7-2 | 10 rue Alsace-Lorraine*

CHEZ TAO

Questo club, aperto da circa ottant'anni, propone ottima musica dal vivo. *Giu-set tutti i giorni 20.30-5 | La Citadelle | Rue St-François | tel 04 95 65 00 73 | www.cheztao.com*

! LE TIRE BOUCHON

Un piccolo locale con una terrazza molto carina. I giovani proprietari hanno puntato su una carta con 35 vini e piccole prelibatezze. *Metà marzo-metà ott, alta stagione tutti i giorni fino a mezzanotte, altrimenti chiuso mer | 15 rue Clemenceau | tel 04 95 38 21 87 |* €€

DOVE DORMIRE

LES ARBOUSIERS

Albergo confortevole con un bellissimo cortile interno, a 500 m dal centro storico e a 150 m dalla spiaggia. *40 camere | Route Pietramaggiore | tel 04 95 65 04 47 | www.hotel-lesarbousiers.com |* €

I negozi e i locali di rue Clémenceau, a Calvi

MAGNOLIA
Una casa padronale del secolo scorso, elegante e raffinata. Giardino ombreggiato, vicino a Quai Landry: una delle sistemazioni più belle del centro di Calvi.

Un bagno nella Valle del Fango

10 camere | Rue Alsace Lorraine | tel 04 95 65 19 16 | www.hotel-le-magnolia.com | €€-€€€

INFORMAZIONI

Port de Plaisance | tel 04 95 65 16 67 | www.balagne-corsica.com

NEI DINTORNI

GITE IN BARCA ● (140 B1) *(🗺 B6)*
Le *Grottes des Veaux Marins*, sulla penisola di Revellata (6 km), sono raggiungibili con una piacevole escursione via mare. Il viaggio verso *Girolata* è lungo 60 km e costeggia la selvaggia penisola di Scandola, zona naturale protetta. Una gita di mezza giornata a Scandola costa circa €50, quella di una giornata a Girolata, con una sosta per fare il bagno, circa €65 e quella di una giornata ad Ajaccio sui €90. *Biglietti al Quai Landry | www.colombo-line.com*

Un altro sito affidabile per prenotare tour simili a quelli sopra descritti è *www.amc-event.com*, che propone la mezza giornata a Scandola per €50 e la giornata intera ad Ajaccio per €95, con servizio di ristorazione e bevande incluse.

CIRQUE DE BONIFATU
(140 C2-3) *(🗺 C7-8)*
Costeggiando l'aeroporto Ste-Catherine e proseguendo sulla D251 lungo il fiume Figarella si giunge alla spettacolare *conca di Bonifatu*, ai piedi di una montagna alta 2000 m. Poco prima del posto di guardia forestale (12 km) comincia la salita per il *Chaos de Bocca Rezza*, una distesa rocciosa. Anche il ripido percorso verso Spasimata riserva piacevoli sorprese, così come il ponte sospeso dietro il Refuge de

Carrozu (circa 5 ore andata e ritorno, in caso di maltempo i guadi sono impraticabili), un'esperienza davvero entusiasmante. L'*Auberge de la Forêt* offre agli escursionisti una buona sistemazione di passaggio *(32 posti letto, anche camere doppie | Fôret de Bonifatu | Calenzana | tel 04 95 65 09 98 | www.auberge-foret-bonifatu.com | €-€€)*.

GALÉRIA E VALLE DEL FANGO

(140 B3) *(🕮 B8)*

Il più bel tragitto per Galéria (40 km a sud) passa per la D81b. Qui il mare davanti all'ampia spiaggia scura è un paradiso per gli amanti delle immersioni e del windsurf. La ★ Valle del Fango, invece, è perfetta per le escursioni, per fare il bagno in una delle splendide pozze d'acqua presenti nella zona o per esplorare in kayak il delta del fiume, con la sua varietà di animali e piante. Il giro dura un'oretta, il costo per il ! noleggio del kayak è di circa €5 e il punto di partenza del tour si raggiunge percorrendo il sentiero segnalato sulla destra che inizia dal grande parcheggio. Chi vuole fermarsi a Galéria può soggiornare nel residence *L'Incantu (16 appartamenti | tel 04 95 62 03 65 | www.residence-incantu.com | €-€€)*, punto di ritrovo apprezzato dai sub con appartamenti affittati a settimana e un buon ristorante. Anche l'albergo-ristorante *L'Auberge (6 camere | tel 04 95 62 00 15 | www.hotel-restaurant-auberge.com | €)* offre una sistemazione valida e conveniente nel centro del paese. Informazioni: *Office de Tourisme | Carrefour du Fango | Galéria | tel 04 95 62 02 27 | www.ot-galeria.com*

! NOTRE DAME DE LA SERRA

(140 B1) *(🕮 B7)*

Sopra Calvi, la cappella offre una bella vista sulla città e sulla baia. La salita dalla T30 (ex N197) dura circa 40 minuti. Una strada conduce dalla penisola di Revellata alla chiesetta costeggiando i *tafoni*, blocchi di granito generati dall'erosione degli agenti atmosferici.

! OCCI

(140 C1) *(🕮 C6)*

Per raggiungere questo borgo montano abbandonato, a 377 m di altitudine, dovete percorrere la salita che parte dalla D71 o dal parcheggio dell'albergo St-Charles di *Lumio*, che dura circa mezz'ora ed è poco faticosa. Una volta raggiunta la meta sarete sopraffatti dalla suggestiva atmosfera del luogo: una meta interessante ad accesso libero.

CAP CORSE

(139 E-F 1-4) *(🕮 F-G 3-5)* **Per attraversare il Cap Corse si devono percorrere solo un centinaio di chilometri, ma le strade sono piene di curve e non permettono di procedere velocemente. Fatta eccezione per il paesaggio delle valli interne, la costa est è dominata da una monotona vegetazione a macchia, mentre quella ovest presenta un paesaggio po' più variegato.**

Uscendo da Bastia sulla D80, in direzione nord, si attraversano prima i moderni sobborghi, poi la campagna. A *Pietranera* potete fare una deviazione sulla bella strada di San Martino di Lota (verso est sulla D131, ritorno sulla D31 per raggiungere nuovamente il mare), mentre è a *Miomo*, costruita sullo scisto verde e con una torre di guardia genovese ben conservata che si erge imponente sulla piccola spiaggia, dove respirerete la tipica atmosfera del Cap. *Lavasina* è una meta frequentata per i pellegrinaggi alla chiesa mariana nei pressi del *Monte Stello* (1307 m), da cui si dirama la strada per *Pozzo*, il punto di partenza per la bella passeggiata che raggiunge *Erbalunga*, un paesino un po' più a nord costruito sulla roccia e sull'acqua.

A *Santa Severa* potete imboccare la prima scorciatoia per raggiungere la costa occidentale, passando per *Luri* (139 E2) *(⟦ G4)* e il Col de Ste-Lucie. Se vi trovate nel piccolo borgo il primo week end di luglio potrete partecipare alla festa del vino. Invece, sulla strada del ritorno, sul passo di Ste-Lucie, è consigliata una sosta alla *Tour de Sénèque*, una torre in rovina raggiungibile in circa un'ora di cammino da cui si apre un panorama meraviglioso.

Il porto di *Macinaggio* (139 F2) *(⟦ G3)* è perfetto per una passeggiata. Ci si arriva prendendo la stretta D53 e passando per Rogliano e gli annessi casali che ricordano i successi commerciali dei *capu corsini*, gli abitanti del Cap. Dall'area protetta Pointe du Cap Corse parte il Sentiero dei Doganieri *(Sentier des Douaniers)*. Da Macinaggio a Barcaggio (5-6 ore di cammino) si costeggiano spiagge isolate e poi si prosegue fino a *Centuri-Port* (139 E2) *(⟦ F3)* cercando però di evitare la calura del mezzogiorno e portando con sé sufficienti scorte d'acqua. L'ufficio del turismo dispone di una mappa dettagliata dei percorsi. Nel pomeriggio, in alta stagione, partono ! le barche che da Barcaggio tornano a Macinaggio *(informazioni e prenotazioni al porto di Macinaggio | www.sanpaulu.com)*.

Sul Col de Serra si può fare un'altra breve escursione della durata di circa mezz'ora che dal passo conduce al punto panoramico *Moulin de Mattei (lug-agosto tutti i giorni 10-17)*, un mulino a vento restaurato che risale a 150 anni fa e che dal 1930 è stato usato spesso come soggetto pubblicitario dal produttore di aperitivi Mattei. Al piano superiore si trova anche uno spazio per esposizioni temporanee.

Oltre Morsiglia la strada si snoda verso sud, sugli erti pendii del capo occidentale. Tra i tanti paesini della parte ovest, il più bello è ★ *Nonza* (139 E4) *(⟦ F5)*, situato in una posizione sopraelevata rispetto al mare, dietro una spiaggia nera che deve il suo colore ai residui della lavorazione dell'amianto che veniva estratto in una antica miniera abbandonata presso Canari. Sul borgo medievale, circondato da terrazze con giardini, domina una torre genovese a base rettangolare, mentre il centro del paese è rappresentato dalla chiesa Ste-Julie e dalla piazza antistante.

MANGIARE E BERE

BELLINI

(139 F2) *(⟦ G3)*

Uno chef con un'esperienza ventennale: assaggiate il pescato del giorno e la squisita zuppa di pesce con salsa *rouille*. *Sulla D80 a Macinaggio | tel 04 95 35 40 37* | €-€€

SHOPPING

DOMAINE PIERETTI (139 E2) *(⟦ G4)*

Un'enoteca molto invitante con un'ottima carta dei vini. *Apr-ott | Santa Severa (presso Luri) | tel 04 95 35 01 03 e 06 17 93 92 17 | www.vinpieretti.com*

SPORT E TEMPO LIBERO

I fondali di Centuri-Port sono profondi circa 15 m e sono popolati da diversi tipi di pesci, motivo per cui la zona è spesso frequentata dai sub.

CENTRE ÉQUESTRE U STAZZU

Da *Macinaggio* potrete risalire a cavallo la costa che si estende dalla punta settentrionale. Il campeggio *U Stazzu*, situato circa 2 km a nord dal paese, organizza anche tour guidati. *Mag-set 9-18 | €20 all'ora | tel 04 95 35 43 76*

Il paesino medievale di Nonza a picco sul mare

DOVE DORMIRE

HÔTEL CASTEL BRANDO

(139 F4) (*G5*)
Albergo ricco di stile, in una villa restaurata del XIX secolo con un parco di palme e piante esotiche secolari. Magnifica la piscina. *39 camere, 6 appartamenti | Erbalunga | tel 04 95 30 10 30 | www.castelbrando.com | €€€*

HÔTEL U SANT'AGNELLU

(121 E2) (*G3*)
Albergo e ristorante con cucina tipica. Chiedete una stanza con vista mare e approfittate della jacuzzi. A luglio e agosto, solo servizio di mezza pensione. *Apr-set | 9 camere | Rogliano | tel 04 95 35 40 59 | www.hotel-usantagnellu.com | €€-€€€*

U MARINARU (139 E2) (*F3*)

Calorosa accoglienza in un albergo piccolo e tranquillo. La famiglia di pescatori gestisce anche un ristorante dove viene servito il pescato del giorno. *Mag-set (ristorante giu-set) | 9 camere | Centuri-Port | tel 04 95 35 62 95 | www.marinaru-centuri.com | albergo €€€, ristorante €€*

INFORMAZIONI

Nel porto di Macinaggio (139 F2) (*G3*) *| tel 04 95 35 40 34 | www.macinaggio rogliano-capcorse.fr*

ÎLE-ROUSSE

(138 A5-6) (*D6*) **Fondata nel 1758 come base per contrastare gli attacchi genovesi, Île-Rousse (2800 abitanti) si differenzia dalle città corse più antiche per le ampie piazze e il reticolo di strade perpendicolari.**

La popolare località turistica è attraversata dalla ferrovia. La spiaggia di sabbia descrive un pittoresco arco attorno alla baia orlata di alberghi e ricca di campeggi.

DA VEDERE

PLACE PAOLI ●

Su questa piazza, con al centro il busto del fondatore della città circondato da platani e caffè, si affacciano diversi negozi. Più a nord si trova un bel mercato coperto, attorniato da altri piccoli esercizi commerciali.

MANGIARE E BERE

LE BOUDOIR

Il locale non ha certo l'aspetto del tipico ristorante corso: ambiente moderno, piatti e cocktail esotici preparati con ingredienti freschi quali germogli di erba medica, menta selvatica e quinoa. Torte e dessert fatti in casa completano l'offerta gastronomica. *Lun-ven 7.30-20.30, sab 8-18 | 8 route de Calvi | tel 04 95 48 28 15 | www.le-boudoir.fr* | €-€€

U LIBECCIU

Un ristorante originale sulla piazza del mercato gestito dal signor Antoine che punta sulla freschezza degli ingredienti proponendo piatti a base di verdura, raccolta direttamente dal suo orto e sempre accompagnata da carne, pesce e frutti di mare. Anche la frutta e le erbe aromatiche utilizzate sono di produzione propria. Molto curata la presentazione. Al bar potrete degustare vini da tutto il mondo. *Pasqua-ott | Rue Notre Dame | tel 04 95 60 13 82* | €€

A SIESTA

Un elegante ristorante affacciato direttamente sulla spiaggia, con un tipico menu mediterraneo. La proposta per il pranzo *(formule midi)* prevede due portate. Il proprietario organizza anche divertenti serate musicali a cadenza regolare. *Promenade A Marinella | tel 04 95 60 28 74 | www.a-siesta.com* | €€

SHOPPING

LE BON CAFÉ

L'antica torrefazione è una proprietà di famiglia fin dagli anni '30: un ambiente rustico dove si respirano piacevoli aromi, con grandi sacchi di iuta pieni di caffè e tè provenienti da tutto il mondo, macchinari per la lavorazione e la tostatura. *Place Delanney | tel 04 95 60 02 40*

DOVE DORMIRE

CLUB HOTEL MARISTELLA

Situato 10 km a ovest, ad Algajola, buon rapporto qualità-prezzo, ottimo servizio e a cinque minuti dalla spiaggia. *100 camere | Route d'Aregno | tel 04 95 60 74 99* | €€

DAVIA

Questo piccolo hotel si trova a 1,5 km da Île-Rousse sulla T30 (ex N197), a 20 minuti a piedi dalla spiaggia di Bodri. Le 16 stanze arredate in modo moderno sono tutte vista mare. *Col de Fogata | tel 04 95 60 87 09 | www.davia-hotel.com* | €€€

INFORMAZIONI

7 place Paoli | tel 04 95 60 04 35 | www.balagne-corsica.com

NEI DINTORNI

FOCE DELL'OSTRICONI

(138 C5) *(🕮 D-E6)*
Il fiume sfocia in una laguna che si trova prima della spiaggia (a 10 km da Île-Rousse) raggiungibile o camminando una ventina di minuti dal campeggio di Ogliastro, o arrampicandosi alla fine della strada. All'estremità del lungo arenile bianco inizia il Désert des Agriates, con formazioni rocciose dalle forme bizzarre e piccole baie isolate.

SPIAGGE (138 A5-6) *(🕮 C-D6)*

Una serie di bei litorali collega Sant'Ambroggio e la suggestiva località balneare di *Algajola* a *Lozari* e alla foce dell'Ostriconi. La ferrovia a scartamento ridotto costeggia le magnifiche baie che si susseguono lungo il tratto tra Île-Rousse e Calvi. Il viaggio di andata e ritorno costa circa €12.

ST-FLORENT

(139 D5) *(🕮 F5-6)* **In estate il tranquillo paesino di 1630 abitanti si trasforma in una località balneare frequentata da numerosi visitatori stranieri. Nell'ampio porto turistico sono ormeggiate imbarcazioni provenienti da ogni parte del mondo. La strada di accesso, a nord, è costellata di alberghi, mentre le viuzze che si diramano dietro l'ampia baia sono animate da un continuo viavai di turisti.**

I caffè, i ristoranti di pesce e quelli che propongono specialità locali si susseguono l'uno dopo l'altro. Il paese fu fondato nel XV secolo, nello stesso periodo in cui fu costruita la piccola *cittadella*, strategicamente molto importante soprattutto per contrastare gli attacchi via mare dei Genovesi.

Nel Settecento il borgo venne quasi del tutto abbandonato a causa dell'epidemia di malaria. Oggi, invece, il paese di St-Florent è il centro economico della regione del Nebbio.

La Plage de Loto, nei pressi di St-Florent, è una delle più belle della costa settentrionale

DA VEDERE

L'ANTICA NEBBIUM

La cattedrale ! *Santa Maria Assunta* sorge a 1 km dal centro, sulla stradina che conduce a Poggio d'Oletta. Fu edificata nel 1140 nel punto in cui i Romani fondarono l'insediamento di Nebbium. Le armoniose proporzioni e gli accurati dettagli architettonici sulle facciate esterne, in pietra calcarea, sono semplicemente meravigliosi. *Disponibile presso l'Office de Tourisme: audioguida €2-€3*

MANGIARE E BERE

LE POTAGER DU NEBBIO

Questa fattoria e azienda agricola è situata nell'entroterra e vende i prodotti che coltiva. Inoltre prepara ottimi piatti rigorosamente biologici, con un'attenzione particolare alla cucina vegana: non vi resta che sistemarvi sotto gli alberi e gustarla nel bel mezzo della campagna corsa. *Route de San Griolo | Oletta | tel 04 95 60 64 16* | €€

U TROGLIU

Locale dai prezzi ragionevoli in una comoda posizione centrale. Specialità corse con piatti di pasta fresca e diversi tipi di insalata. Propone diversi menu molto convenienti. In estate potete accomodarvi nel piacevole dehors esterno e rilassarvi un po'. *Tutti i giorni 12-14.30 e 19-22.30 | Rue Centrale | tel 04 95 37 20 73 | www.utrogliu.com* | €

LOW BUDG€T

In estate, tre volte al giorno, inizio tra le 10 e le 11: davanti alla porta principale della cittadella di Calvi si tengono concerti gratuiti di violino.

Il primo birrificio dell'isola, la ● *Brasserie Pietra*, produce dal 1995 una birra a base di farina di castagne, ormai famosa in tutto il mondo. Se conoscete il francese, partecipate a una visita guidata gratuita e alla degustazione finale. Prendete la T20 (ex N193) a sud di Bastia; alla rotonda di Furiani svoltate in direzione mare e dopo la ferrovia girate di nuovo a destra per poi seguire le indicazioni **(139 F5)** ***(G6)***. *Lug-agosto lun-ven 9.30-12 e 14-17.30 | www.brasseriepietra.corsica*

SHOPPING

POTERIE DU NEBBIO

È considerata la bottega migliore dell'isola. Volete verificarlo? Recatevi sul posto, ammirate l'abilità del maestro vasaio al lavoro e fate qualche acquisto. Non ve ne pentirete. *Plaine d'Oletta, 3 km a sud est sulla D82 per Oletta*

DOVE DORMIRE

LA FLORENTINE

Grazioso albergo situato 1 km a nord del centro, sulla Route du Bord de Mer. Tutte le stanze sono climatizzate. Spiaggia privata con sedie a sdraio. *20 camere | tel 04 95 37 00 99 | www.hotellaflorentine.com* | €€€

HOTEL RESTAURANT L'EUROPE

Hotel tradizionale, situato nel centro del paese, con vista direttamente sul porticciolo. Ottima la cucina del ristorante, che propone anche piatti vegetariani. *17 camere | Place des Portes | tel 04 95 35 32 91* | €€

SPORT E TEMPO LIBERO

ALTORE

Acqua, terra e aria: l'indirizzo ideale per le attività outdoor. *A sud del paese, nel campeggio Aqua Dolce | tel 04 95 37 19 30 | www.altore.com*

GITE IN BARCA

In estate *Popeye* propone gite in barca dirette a *Plage du Loto* (139 D4) (*🗺 F5*). Partenze ogni 50 minuti, primo viaggio alle 8.30, ultimo ritorno alle 20. *€20 | Place du Village | Port de Plaisance | tel 04 95 37 19 07 | www.lepopeye.com*

INFORMAZIONI

Route de Bastia, in centro | tel 04 95 37 06 04 | www.corsica-saintflorent.com

NEI DINTORNI

DÉSERT DES AGRIATES

(138-139 C-D 4-5) (*🗺 E-F5*)

La zona naturale protetta si estende per circa 30 km a ovest della costa. La spettacolare esplosione della vegetazione a macchia che fiorisce alla fine della primavera ricorda quella dei giardini rocciosi. Le splendide spiagge, *Plage de Saleccia* e *Plage de Loto*, ! si raggiungono facilmente in barca.

PATRIMONIO (139 E5) (*🗺 F5*)

Il paese (10 km a est) sorge ai margini della fertile Valle del Nebbio, su cui domina la chiesa di St-Martin. I viticoltori della zona sono impegnati sia nella coltivazione delle viti che nella produzione di vini di primissima qualità. Sulla strada principale si affacciano diverse cantine, tra le quali si consiglia la tenuta ! *Orenga de Gaffory* (*Morta Majo | tel 04 95 37 45 00 | www.orengadegaffory.com*), soprattutto per il rosé.

I viticoltori di Patrimonio producono vini di primissima qualità

SAN MICHELE DE MURATO ★

(139 E6) (*🗺 F6*)

Da St-Florent si prende la D82 (via Oletta), in direzione del Col de Santo Stefano, un passo da cui si diramano diverse strade. A 5 km da lì, sulla D5, la piccola chiesa di *San Michele* (XII sec) sorge solitaria su un prato: costruita in serpentino verde e pietra calcarea bianca disposti a scacchiera, è probabilmente la più bella dell'isola. Anche le sculture all'interno sono degne di nota. Purtroppo, però, l'edificio non è sempre aperto al pubblico. I buongustai possono fermarsi al ristorante tipico *Le But (solo di sera, dom anche a pranzo | Rue Soprano | tel 04 95 37 60 92 | restaurant-lebut.fr | €€)* e concedersi un menu corso a €40.

L'OVEST

La parte occidentale della Corsica è un vero e proprio paradiso per chi ama le coste frastagliate e i panorami più selvaggi, scogli rossi che si tuffano imponenti in acque cristalline e particolari formazioni rocciose create dalla costante erosione degli agenti atmosferici in una campagna coperta dalla vegetazione tipica della macchia mediterranea.

Il fascino delle baie di Cargèse, Sagone e Ajaccio è semplicemente ineguagliabile; non è un caso, quindi, che nel 1983 il golfo di Porto, la penisola vulcanica di Scandola e le Calanques de Piana, alte fino a 400 m sul livello del mare, direttamente sulla costa, siano stati dichiarati dall'Unesco Patrimonio Naturale dell'Umanità.

AJACCIO

CARTINA NEL RISVOLTO DI COPERTINA

(143 E3) (*B-C12*) **Situata nella parte settentrionale dell'omonimo golfo, è la più grande città dell'isola (66.200 abitanti), sede del parlamento corso *(Assemblée Régionale de Corse)*.**

Ajaccio, inoltre, è il luogo natale di Napoleone Bonaparte, il generale poi imperatore francese il cui nome e la cui immagine hanno fortemente influenzato il carattere della cittadina, conosciuta non a caso anche come *Cité Impériale*.

Ad Ajaccio c'è sempre un gran viavai di gente, con l'unica eccezione delle più tranquille ore della pausa pranzo. I bar e

In foto: la Plage de Ficajola

Scogliere e baie suggestive: oltre alle località turistiche più note, la regione occidentale nasconde angoli ancora incontaminati

i ristoranti situati nelle strette viuzze della città vecchia, infatti, sono affollati fino a tarda notte, mentre *Rue Fesch* e *Cours Napoléon* sono frequentate soprattutto per piacevoli passeggiate.

Chi preferisce la calma, invece, deve raggiungere la zona del porto, davanti alla cittadella.

Al molo *Jetée de la Citadelle* sono attraccate barche di tutti i tipi provenienti da tutto il mondo. Da qui lo sguardo abbraccia la magnifica baia e il suggestivo centro storico.

DA VEDERE

MAISON BONAPARTE

La casa della famiglia Bonaparte, dove nacque Napoleone I. *Apr-set mar-dom 10.30-12.30 e 13.15-18 (fino alle 16.30 in inverno) | 1 rue Saint-Charles | ingresso €7 | www.musee-maisonbonaparte.fr*

MUSÉE DU CAPITELLU

Il museo privato è prevalentemente destinato all'esposizione di pezzi che rappresentano la vita domestica nell'Ajaccio del XIX secolo. La casa apparteneva a una ricca famiglia, i Bacciochi, imparentata con Napoleone. *Marzo-ott tutti i giorni 10-12 e 14-18, dom solo la mattina | 18 boulevard Danièle Casanova | tel 04 95 21 50 57*

Tipica viuzza del centro storico di Ajaccio

NOTRE DAME DE LA MISÉRICORDE

Nella cattedrale, coperta da un'imponente cupola del XVI secolo, nel 1771 venne battezzato Napoleone. Poco prima di morire a Sant'Elena espresse il desiderio di essere sepolto qui nel caso in cui Parigi avesse rifiutato di accogliere la sua salma. *Lun-sab 8-11.30 e 14.30-17.45, dom 8-11.30 | Rue Forcioli-Conti, nel centro storico*

PALAIS FESCH

In questo museo sono esposti i pezzi che fanno parte della pregiata collezione di arte italiana lasciata in eredità alla città dallo zio di Napoleone Bonaparte, il cardinale Fesch. L'intero complesso e l'interessante cappella funeraria, la *Chapelle Impériale*, sono stati restaurati con cura e sono nuovamente aperti al pubblico. *Mag-set lun, mer e sab 10.30-18, gio-ven e dom 12-18, lug-agosto ven fino alle 20.30, ott-apr lun, mer e sab 10-17, gio-ven e ogni 3ª dom del mese 12-17 | 50 rue Fesch | ingresso €8 | www.musee-fesch.com*

PLACE D'AUSTERLITZ

Sulla piazza si erge un'imponente statua del celebre imperatore francese, con un elenco delle battaglie vittoriose da lui vinte. Salite i gradini della scalinata e godetevi il panorama che si apre su Ajaccio e sulla sua baia. Si racconta che il piccolo Napoleone amasse giocare nella grotta situata dietro al monumento. *In fondo a Cours du Général Leclerc*

PLACE MARÉCHAL FOCH

Il cuore pulsante del centro storico è costituito dalla piazza circondata di palme con la fontana dei leoni e al centro la statua in marmo di Napoleone Bonaparte.

CITTADELLA

È chiusa al pubblico perché ancora oggi è sede dell'esercito.

MANGIARE E BERE

! LE 20123

Questo locale, che prende il nome dal codice postale di Pila-Canale, riproduce in piccolo l'omonimo villaggio, con tanto di fontana e Vespa parcheggiata all'interno. Ottime ricette tradizionali. È necessario prenotare. Si accetta solo il pagamento in contanti. *2 rue Roi de Rome | tel 04 95 21 50 05 | www.20123.fr* | €€

L'AMIRAUTÉ

Direttamente sul molo, con vista sulle montagne e sul porto con le imbarcazioni da crociera. Una piacevole atmosfera accompagnata da piatti della tradizione corsa. *Port Charles Ornano | tel 04 95 95 22 48 22 | www.restaurant-amiraute-ajaccio.com* | €€-€€€

LE CURIEUX

Gli interni di questo ristorante del centro storico sono moderni, nonostante sia un'antica cantina con soffitto a volta. Cucina francese, corsa e piatti di pesce. *11 rue Conventionnel Chiappe | tel 04 95 76 19 51* | €€

DA MAMMA

Locale frequentato anche dalla gente del posto, con piatti tipici a base di capra e agnello. Anche pasta e portate di pesce. Ottimo rapporto qualità-prezzo, con menu e piatti principali a partire da €12. *Passage de la Guinguetta | tel 04 95 21 39 44* | €-€€

SHOPPING

! LA MARGE

Splendida libreria specializzata nella letteratura dedicata all'isola. *4 rue Emanuel Arène*

MERCATO ★

Il mercato più bello di tutta la regione: i colori e i profumi dei prodotti locali, abbigliamento e molto altro. *Mar-dom 8-12 | Place Foch*

Date un'occhiata anche al mercato del pesce, la *Halle aux poissons. Mag-set tutti i giorni 7.30-12.30, ott-apr chiuso lun | Quai Napoléon*

PATISSERIE AU BON PAIN DU CASONE

L'aspetto esterno di questa panetteria è piuttosto anonimo, ma i prodotti esposti all'interno sono davvero deliziosi. In particolare, consigliamo i *beignets au brocchiu*, le dolci palline lievitate con ripieno di formaggio di pecora. Andateci al mattino per approfittare di una scelta più ampia, di pomeriggio gli scaffali sono già quasi tutti vuoti. *12 cours Général Leclerc*

U POGHJU

(144 A2) (*D11*)

Dalla produzione delle materie prime al prodotto finito: le confetture e la farina di castagne realizzate da Marie-Claude sono vere prelibatezze. La tenuta, l'allevamento di bovini, il vivaio e il frutteto si trovano presso Curintina Suprana, a Cuttoli-Corticchiato, 25 km a nord est. *Apr-set tutti i giorni di mattina, ott-marzo su prenotazione | tel 04 95 25 83 46*

LE SCELTE MARCO POLO

★ **Mercato**
Colori vivaci e intensi profumi → p53

★ **Golfo di Porto**
Una baia costellata di scogli rossi e piccole spiagge → p58

★ **Calanques de Piana**
Bizzarre formazioni rocciose → p59

★ **Capu Rossu**
Un punto panoramico su paesaggi meravigliosi → p59

★ **Scandola**
Una penisola di origine vulcanica, dichiarata dall'Unesco Patrimonio dell'Umanità → p59

SPORT E TEMPO LIBERO

! COULEUR CORSE

Laetitia e il suo team organizzano escursioni in montagna, percorsi di torrentismo in una splendida gola non lontano dalla città e gite di sci alpinismo in montagna. *Gen-apr | 6 boulevard Fred Scamaroni | tel 04 95 10 52 83 | www.couleur-corse.com*

Il promontorio della Parata con la sua torre di guardia genovese

! SENTIER DES CRÊTES

(125 D-E3) *(B12)*

L'alta via che corre sulle colline tra Ajaccio e la punta della Parata davanti alle isole *Les Sanguinaires* parte dall'*Avenue Nicolas Pietri*, al di sopra della fermata dell'autobus "Bois des Anglais", a 15 minuti dal centro della città. L'escursione dura circa 5 ore (è possibile tornare in autobus) e attraversa paesaggi in cui domina la vegetazione tipica della macchia mediterranea e dove si ergono diverse sculture in pietra. Aiutatevi con la cartina *IGN-Top-25* di Ajaccio.

DI SERA

CASINÒ

Un luogo apprezzato dagli appassionati del gioco d'azzardo, con il piano bar *L'EntreActe (gio-sab 23.30-4)*, una discoteca e il celebre ristorante *La Rotonde (mar-sab 20-23.30 | tel 04 95 50 40 65 | €€)*. *Casinò tutti i giorni 13-3 | Boulevard Pascal Rossini | www.casino-ajaccio.com*

LA PART DES ANGES

Un ristorante molto amato dai giovani all'ora di pranzo (€), un music bar informale di sera. Cena a base di sushi il giovedì. In estate concerti di musica jazz. *Tutti i giorni 10-2 | 1 boulevard Lantivy | tel 04 95 21 29 34*

DOVE DORMIRE

DOLCE VITA

Un albergo tranquillo in un'ottima posizione sul golfo, con ristorante e servizio eccellenti. Tutte le stanze sono dotate di balcone o terrazza, tv, telefono, minibar e accesso a internet gratuito. *32 camere | Route des Sanguinaires | tel 04 95 52 42 42 | www.hotel-dolcevita.com |* €€€

HOTEL CASTEL VECCHIO ✱

A due passi dal centro; la struttura è stata ampiamente restaurata. Ottima prima colazione. *100 camere | 7 rue Paul Colonna d'Istria | tel 04 95 22 31 12 | www.hotel-castelvecchio.com |* €€

HOTEL KALLISTÉ

Posizione centrale. Interni moderni, con molto legno e pietra naturale. *62 camere | 51 cours Napoleon | tel 04 95 51 34 45 | www.hotel-kalliste-ajaccio.com |* €€

SAN CARLU

Albergo ai margini del centro storico. Alcune stanze con vista mare. *40 camere | 8 boulevard Danièle Casanova | tel 04 95 21 13 84 | www.hotel-sancarlu.com |* €€

INFORMAZIONI

Con internet point. *3 boulevard du Roi-Jérôme | tel 04 95 51 53 03 | www.ajaccio-tourisme.com*

NEI DINTORNI

BASTELICA E GOLA DEL PRUNELLI (144 B2-3) *(🕮 D11)*

La D27 conduce da Cauro al paese montano di Bastelica (779 m, a 40 km da Ajaccio) e prosegue fino alle montagne. Bastelica è la cittadina natale dell'eroe nazionale Sampiero Corso. L'unica sistemazione disponibile è il semplice albergo a gestione familiare *Sampiero (23 camere | Place de l'Eglise | tel 04 95 28 71 99 |* €-€€*)*, con ristorante annesso. La stretta e tortuosa D3 attraversa le suggestive *Gorges du Prunelli*, 6 km a sud ovest, e costeggia il lago artificiale di Tolla.

LES MILELLI (143 E3) *(🕮 B12)*

L'antica casa di campagna della famiglia Bonaparte, oggi disabitata e chiusa al pubblico, sorge in un bell'uliveto sulla D61, a 5,5 km da Ajaccio. Si può entrare solo a luglio e agosto, durante le visite guidate del venerdì *(inizio alle 10 | €7)*. Potete invece passeggiare nel giardino botanico della tenuta in qualsiasi stagione dell'anno. *Mag-ott tutti i giorni 9-18, altrimenti fino alle 17*

LA PARATA (143 D3-4) *(🕮 B12)*

La *Route des Sanguinaires* conduce fuori città costeggiando la costa settentrionale del golfo, piena di lussuose zone residenziali, alberghi e belle spiagge di sabbia. In un quarto d'ora potete raggiungere il promontorio della punta della *Parata* (gli ultimi 800 m devono essere percorsi a piedi) seguendo un sentiero botanico che conduce alla ✱ torre di guardia per godere del panorama che si apre sulle *Îles Sanguinaires*. Il momento migliore è il tramonto, quando il cielo si tinge di un

LOW BUDG€T

Se avete meno di 26 anni potete entrare gratuitamente alla *Maison Bonaparte (→ p51)*.

Il pass dei musei costa circa €10 e dà diritto all'ingresso ridotto in tutti i complessi di Ajaccio (eccetto il Musée du Capitellu). Chiedete informazioni all'Office de Tourisme.

Fate acquisti quando i prezzi sono più convenienti: in Corsica i saldi estivi *(soldes)* iniziano intorno alla metà di luglio e durano una decina di giorni.

"rosso sangue", da cui le isole prendono il nome. La baia di *Capo di Feno*, più a nord e raggiungibile sulla D111b o a piedi in 4 ore di cammino, è il posto ideale per fare il bagno.

PORTICCIO E GOLFO MERIDIONALE DI AJACCIO (143 E-F4) *(🗺 C12-13)*
La morbida sabbia e lo splendido panorama che si apre sulla baia hanno fatto di Porticcio una località turistica molto frequentata, soprattutto in estate. Per una scappata al mare potete prendere una delle navette marittime che compiono regolarmente il tragitto *(andata e ritorno €8 | www.promenades-en-mer.org)*.
Il *Clos Capitoro* di Pisciatello *(sulla statale in direzione di Sartène | tel 04 95 25 19 61 | www.clos-capitoro.com)* è conosciuto per i vini rossi e rosé, mentre le spiagge di *Ruppione* e *Agosta* sono molto apprezzate dagli appassionati di surf. Il ☀ tragitto lungo il golfo meridionale, che sulla D55 raggiunge *Capu di Muru*, attraversa boschi e passi ricchi di fascino.

CARGÈSE

(143 D1) *(🗺 B10)* **La cittadina di Cargèse, situata all'estremità settentrionale del golfo di Sagone, con i suoi 1260 abitanti è il centro abitato più grande della zona, ed è stato fondato nel 1774 per i greci che si trasferirono qui.**
Lo testimoniano la chiesa ortodossa e le numerose case bianche con rigogliosi giardini, che differenziano Cargèse dagli altri paesi dell'isola.

DA VEDERE

CHIESE
Entrambe del XIX secolo, la chiesa greco-ortodossa *Église Saint-Spiridon*, con le sue interessanti icone, e la cattolica *Église de l'Assomption*, eretta in stile neobarocco, sorgono l'una di fronte all'altra. La messa viene celebrata da un unico parroco a turno, in una o nell'altra chiesa.

MANGIARE E BERE

BEL MARE ☀
Sulla *Route de Sagone*, un buon ristorante che propone piatti regionali, tra cui pesce e frutti di mare. Spesso serate di musica dal vivo. Bel panorama dalla terrazza. Dispone anche di 15 camere (€€). *Marzo-nov tutti i giorni | tel 04 95 26 40 13 | www.belmare.net* | €€

LE CABANON DE CHARLOTTE
Un locale del porto che serve squisite portate a base di pesce. Il giovedì, serata con musica tradizionale. *Metà marzo-metà nov tutti i giorni | Chemin du Port | tel 06 81 23 66 93* | €-€€

SPIAGGE

Nella zona si trovano magnifici litorali, tra cui **!** *Chiuni e Peru* a nord del paese e *Ménasinu*, *Capizollu* e *Stagnolu* a sud.

DOVE DORMIRE

LES LENTISQUES
Un piccolo hotel-ristorante ben arredato, in una posizione meravigliosa: sulla *Plage de Peru. 18 camere | tel 04 95 26 42 34 | www.leslentisques.com* | €€-€€€

PUNTA E MARE
Piccolo albergo a soli 300 m dal centro città; i proprietari sono molto gentili. Servizio di noleggio biciclette. *7 camere | Route de Paomia | tel 06 89 72 41 81 | www.locations-cargese.com* | €

INFORMAZIONI

Rue du Doctor Dragacci | tel 04 95 26 41 31 | www.cargese.net

NEI DINTORNI

LOCALITÀ BALNEARI SUL GOLFO DI SAGONE (143 E1) *(B10)*

Nell'ampia baia si trovano le piccole località balneari di *Sagone*, il cui antico splendore è oggi testimoniato dalle rovine della cattedrale di Sant'Appiano, situata al di sopra della foce del Sagone, *Tiuccia* e *La Liscia*, tutte dotate di belle spiagge e di una grande offerta di sport acquatici. Per chi vuole provare qualcosa di nuovo c'è il giro in parapendio di *Top Fun Aeronautique (Calcatoggio | tel 04 95 51 11 47)*, sulla *Plage de la Liscia*. Nel porto di Sagone, il ristorante *L'Ancura (apr-set tutti i giorni | Port de Sagone | tel 04 95 28 04 93 | €)* mette in tavola aragosta e pesce fresco a prezzi ragionevoli.
Informazioni: *Route de la Plage | Les Mimosas | Sagone | tel 04 95 28 05 36 | www.golfedesagone.net*

CINARCA (143 E-F 1-2) *(C11)*

L'entroterra della baia di Sagone si sviluppa tra i fiumi Liamone e Gravona ed è conosciuto per i prodotti contadini e i molti villaggi sparsi nella zona, tra cui i più belli sono *Sari d'Orcino*, *Calcatoggio* e *Casaglione*. Il *Clos d'Alzetu (www.closdalzeto.com)* di Sari, attivo dal 1800, è l'azienda vinicola in posizione più panoramica della Corsica.

BACINO SORGENTIFERO DEL LIAMONE (140-141 C-D 5-6) *(C-D10)*

La D70 conduce da Sagone (18 km) alla cittadina di *Vico*, ex sede vescovile con un monastero francescano. Se volete fare il bagno dovete prendere la D23, raggiungere il ponte che si trova 3 km dopo Vico e immergervi nelle splendide pozze d'acqua che si aprono nel *Liamone*. A Murzo la D4 svolta in direzione Muna. La strada è stata in parte risistemata, ma presenta ancora qualche tratto pericoloso soprattutto nella zona montana. Il villaggio

L'Église Saint-Spiridon di Cargèse, splendore greco-ortodosso

di *Muna*, un tempo abbandonato, sta vivendo un periodo di rinascita. La gente che se ne era andata, infatti, è tornata ad abitarci, ristrutturando le case e prendendovi nuovamente residenza. Dopo una passeggiata in paese potete proseguire per Rosazia e Salice e poi fermarvi sul fiume *Cruzini* per fare un bagno. Sulla D23 si attraversa Guagno-les-Bains e si arriva al grazioso villaggio di *Soccia*, situato su uno sperone al di sopra di gole

Le spettacolari Calanques de Piana sopra il golfo di Porto

profonde. Lo splendido tragitto che dal parcheggio al di sopra di Soccia (segnalato) raggiunge il lago montano ! *Lac de Creno* si percorre in circa un'ora (300 m di dislivello). Chi vuole può fare un picnic all'ombra degli alberi.

PORTO

(140 B5) (🕮 B9) **Questo paesino in pietra rossa, situato vicino al borgo di montagna Ota (590 abitanti), grazie alla sua posizione sul ★ *golfo di Porto* è diventato una delle maggiori attrazioni turistiche della Corsica.**

Ricco di ristoranti, alberghi e negozi di souvenir, offre magnifici panorami sul mare, sia dalla torre genovese sia dall'acqua con un giro in barca. Vi è anche una spiaggia di ghiaia, mentre per i litorali di sabbia, non sempre facili da raggiungere, bisogna allontanarsi dal centro abitato. La baia è stata dichiarata dall'Unesco Patrimonio Naturale dell'Umanità.

MANGIARE E BERE

LE BELVEDERE

L'albergo sorge su un promontorio al di sotto della torre genovese. Le 20 camere sono climatizzate e dotate di wi-fi. Cucina mediterranea e internazionale. *Apr-ott | nel porto | tel 04 95 26 82 13 | www.hotel-le-belvedere.com* | €-€€

DOVE DORMIRE

CALA DI SOLE

Residence in ottima posizione, con 19 appartamenti. Vista sul mare o sul boschetto di eucalipto. Con ristorante e piccola piscina. *Tel 04 95 26 12 44 | www.hotel-caladisole.com* | €€

CHEZ FELIX

Da tempo il migliore punto di riferimento per gli escursionisti e i ciclisti della zona di Ota: navetta, ostello con camere doppie e camerate (€), bar e ristorante (€€). *Ota, in centro | 04 95 70 68 49 e 06 80 87 71 28 | www.gite-chez-felix.com*

INFORMAZIONI

La Marine | tel 04 95 26 10 55 | www.porto-tourisme.com

NEI DINTORNI

CALANQUES DE PIANA ★ ●

(140 A-B5) *(🕮 B9)*

A sud di Porto si trovano le Calanques, importante polo di attrazione turistica della regione. Qui gli agenti atmosferici hanno eroso e modellato le scogliere di granito rosso, le cui forme bizzarre si ergono imponenti tra verdi prati, fiumi scroscianti e ripidi pendii alberati. La zona offre diverse possibilità per fare escursioni a piedi o arrampicare. Oltre a Porto, all'interno della baia, *Piana* è il secondo centro per importanza del golfo, situato a 430 m di altitudine dietro gli scogli rossi delle Calanques, un grazioso paesino con negozi, locali e molte case per le vacanze. Potete pernottare e cenare nell'albergo *Les Roches Rouges (30 camere | tel 04 95 27 81 81 | www.lesrochesrouges.com | €€)*, in splendida posizione e arredato in stile anni '30.

CAPU ROSSU ★ (140 A5) *(🕮 A9)*

La ● *torre di Turghio* troneggia su una ripida parete rocciosa a più di 300 m sul mare, sull'estremità sud del golfo di Porto. La si raggiunge solo a piedi partendo dal parcheggio (con bar) che si trova a circa 8 km da Piana, sulla D824 in direzione *Plage d'Arone*, l'isolata spiaggia di sabbia in fondo alla strada. L'escursione dura circa 3 ore (andata e ritorno) e prevede anche una piccola parte di arrampicata. Evitate di partire quando fa troppo caldo e non dimenticate di portare con voi una scorta d'acqua.

GORGES DE SPELUNCA

(140 B-C5) *(🕮 C9)*

I fiumi Aitone e Tavulella hanno scavato il massiccio montuoso tanto da creare una gola profonda, che si trova sulla D124 dopo aver superato *Ota*, a soli 6 km da Porto. Non lontano dal Pont d'Ota, un sentiero conduce a *Evisa*. Chi non ama camminare può arrivarvi in auto e poi scendere, sempre in macchina, attraverso la gola.

SCANDOLA ★ ●

(140 A3-4) *(🕮 A-B8)*

La riserva naturale di Scandola comprende l'intera penisola a nord ovest di *Osani* e ampie superfici marine. La zona è ricca di pesci e falchi pescatori che nidificano sugli scogli. Visto che l'accesso alla costa è vietato, può essere visitata solo in barca. Potete quindi prenotare una gita *(€35 per 2 ore oppure €50 per 4 ore)* nello scalo di Porto. A seguito delle dure battaglie politiche dei pescatori e dei sindaci locali la zona protetta della riserva è stata ampliata. *www.visite-scandola.com*

PLAGE DE FICAJOLA

(140 A5) *(🕮 B9)*

Appena oltre Piana (14 km), dalla strada costiera D824 si dirama la ripida *Route de Ficajola*, che da un'altitudine di 400 m scende in poco tempo al mare. Il percorso è meraviglioso: dal parcheggio in fondo alla strada si percorre un sentiero ripido per dieci minuti e poi si arriva a una spiaggia circondata da scogliere rosse, formata da minuscoli granelli di granito. Il fondale è subito profondo e, se vi spingete al largo, godrete di una bella vista sul golfo.

L'ENTROTERRA

L'entroterra della Corsica è formato da circa 120 cime montuose alte più di 2000 m. Da un punto di vista geologico è un territorio composto da due conformazioni distinte.

Nella parte nordorientale si sviluppa il massiccio in scisto: più giovane e più piccolo, comprende il Cap Corse e termina in un rift sulla linea Île-Rousse-Corte-Solenzara, con la punta più alta, il San Petrone, che raggiunge i 1767 m. Da nord ovest a sud est, invece, si erge la zona granitica, più estesa e più alta, segnata dallo scioglimento dei ghiacciai e caratterizzata da rocce scoscese, gole profonde, ampi boschi di faggi e pinete. Chi decide di avventurarsi in questa parte dell'isola non deve dimenticare scarpe resistenti, abbigliamento caldo, acqua e il necessario per ripararsi dalla pioggia. Infatti, anche in piena estate, il tempo può cambiare all'improvviso portando freddo, violenti temporali e talvolta grandinate. I quattro passi più importanti per accedere all'altopiano (il Col de Vergio, il Col de Verde, il Col de Vizzavona e il Col de Bavella) in inverno sono spesso impraticabili.

VALLE DELL'ASCO

(141 D-F 2-3) (*🗺 D-E 7-8*) **La valle dell'Asco, la più a nord tra quelle di alta montagna, è molto lunga e isolata.**

La D147, che porta alla conca al di sotto del massiccio del Monte Cinto, in 32 km

In foto: il Monte Incudine (2136 m)

Tutto il fascino della montagna: l'interno dell'isola è perfetto per lunghe escursioni a piedi verso le cime più alte

attraversa solo il paese di *Asco* (130 abitanti). La zona è nota per il turismo e per la produzione di miele e formaggio. La strada arriva a 1450 m di altitudine, circondata da vette che toccano i 2000 m. Qui vivono le aquile reali e il raro gipeto.

DA VEDERE

CASTIFAO (141 E2) (*E7*)
All'uscita sud del paesino potete visitare le ! rovine del monastero di *Saint-François de Caccia*, la cui costruzione risale al 1569. Poiché la struttura conventuale era troppo piccola, gli abitanti del borgo dovettero seppellire i loro defunti nella chiesa, divenuta quindi inutilizzabile come luogo di culto. Si può ammirare l'interno solo attraverso il portale principale.

MANGIARE E BERE DOVE DORMIRE

L'ACROPOLE (141 E2) (*D7*)
Cinque semplici camere per gli ospiti, da due a quattro persone, ad Asco. A pranzo e

a cena viene servito un buon menu tradizionale. Una piscina con vista sulle montagne completa l'offerta. *Apr-ott | tel 04 95 47 83 53 | www.acropole-asco.com | €-€€*

adatta per gli appassionati di trekking. *22 camere (anche stanze con più posti letto) | Asco | tel 04 95 47 81 08 | www.hotel-lechalet-asco.com | €*

Il Lombarduccio, una delle tappe del GR20

CABANELLA (141 E2) *(E7)*
Albergo-ristorante con campeggio sul fiume. *6 camere (anche stanze con più posti letto) | Route de l'Asco | Moltifao | tel 07 81 94 24 61 | www.campingcabanella.com | €*

E CANICCE (141 E2) *(E7)*
Joël e Domi offrono la soluzione ideale per gli escursionisti che puntano al risparmio: tende da due persone, parcheggio camper o case in pietra in affitto dal buon rapporto qualità-prezzo. Posizione tranquilla sul fiume. *Route de l'Asco | Moltifao | tel 04 95 35 16 75 | www.campingecanicce.com | €*

CHALET DU HAUT ASCO
(141 D3) *(D8)*
Un albergo e un ristorante in alta valle con una bella terrazza. Sistemazione

SPORT E TEMPO LIBERO

VIA FERRATA (141 F2) *(E7)*
Divertimento assicurato nella valle dell'Asco: rivolgetevi alla compagnia *In Terra Corsa* di *Ponte Leccia* e prendete mappe e materiale informativo anche sulle altre attività da svolgere in zona e sulle offerte per i bambini. *Nei pressi della stazione | tel 04 95 47 69 48 | www.interracorsa.com*

ESCURSIONE (141 D3) *(D8)*
Uno dei più bei tour da compiere nella valle dell'Asco, lungo circa 6 ore, è quello che conduce sulla *Punta Culaghia*, a 2034 m di altitudine. Non servono attrezzature particolari, ma solo abbigliamento da montagna e un paio di scarpe adatte, oltre alla dimestichezza con questo tipo

di terreno. Il percorso inizia dal parcheggio dello *Chalet du Haut Asco*. Oltrepassato il Refuge d'Asco Stagnu il sentiero è segnalato in rosso e bianco, i colori del GR20. Per la prima mezz'ora si cammina in salita, all'ombra di una pineta profumata. Una volta attraversato il bosco, si continua ancora per un'ora abbondante prima di raggiungere il crinale della *Bocca di Stagnu*, superando brevi tratti di arrampicata (solo per esperti e per chi non soffre di vertigini).

Da qui si apre una splendida vista sulla Valle del Fango, a ovest, e su quella dell'Asco, a est. Con un po' di fortuna potrete trovarvi giusto al di sopra di un mare di nuvole.

Se volete allungare il tragitto di circa un'ora e mezza potete incamminarvi verso la cima settentrionale, *A Muvrella*, alta 2148 m.

Il sentiero principale, invece, prosegue sul crinale in direzione sud. I segnali sono rossi e bianchi, a volte grigi visto che questo tratto di sentiero non fa più ufficialmente parte del circuito del GR20. Il tracciato conduce poi sulla vetta della *Punta Culaghia*, da cui si gode di un magnifico panorama: il Monte Cinto è vicinissimo e a ovest si vede il mare. Dopodiché il sentiero segue il crinale e supera sulla destra i due pinnacoli successivi.

Dopo una breve salita verso la *Brèche de Missoghiu* inizia la discesa. Attraverso un solco nella roccia si giunge all'estremità superiore dell'ex pista di sci e poi compaiono nuovamente le indicazioni rosse e bianche del GR20.

Seguendo il pendio in discesa e attraversando la piccola pineta raggiungerete il parcheggio da cui siete partiti.

Per finire potete concedervi una piacevole sosta al sole sulla bella terrazza in legno dello *Chalet du Haut Asco* (→ p62).

BOCOGNANO

(144 B1) (*D-E11*) **Bocognano (450 abitanti), situato nel cuore di un'ampia zona di castagneti, è il tipico paesino di montagna corso, con un piccolo supermercato, due macellerie e due panetterie.**

Da quando è stata aperta la nuova tangenziale, i mezzi pesanti diretti al vicino Col de Vizzavona non disturbano più la quiete del piccolo borgo.

DA VEDERE

Nelle vicinanze si trova la cascata più alta della Corsica, la *Cascade du Voile de la Mariée*, alta 70 m e larga 12. In primavera, dopo il disgelo, lo spettacolo è meraviglioso, anche perché ci si può posizionare proprio vicino al fragoroso getto d'acqua. Per arrivarci si prende la D27 e

LE SCELTE MARCO POLO

★ **Cascades des Anglais**
Acque cristalline e pozze dove fare il bagno → p67

★ **Lac de Nino**
Un picnic in riva a un lago montano → p70

★ **Scala di Santa Regina**
Una magnifica gola in granito e una strada spettacolare → p70

★ **Altopiano di Coscione**
Animali allo stato brado sotto il Monte Incudine → p71

★ **Pozzi du Renosu**
I prati umidi sono solcati da diversi ruscelli → p71

la si percorre per 3,2 km in direzione di Bastelica. Dal ponte sul Trotto si accede a un sentiero che in una decina di minuti conduce alla cascata.

MANGIARE E BERE

PIZZERIA COPACABANA

Questo grazioso locale all'aperto si trova al bivio tra la T20 (ex N193) e la D27. Oltre alle pizze, i proprietari propongono anche insalate e grigliate squisite. *Mag-set | tel 04 95 27 42 21 |* €

A TANEDDA

La *ferme-auberge* di Tanou e Achille, situata nella parte bassa del paese, serve piatti tipici della cucina corsa. Gli ingredienti usati nella preparazione delle portate indicate sul menu, che cambia spesso, sono prodotti direttamente dai proprietari. Si consiglia di prenotare. *Apr-ott | tel 04 95 27 42 44 |* €-€€

DOVE DORMIRE

HÔTEL BEAU SÉJOUR

Atmosfera autentica in una struttura completamente rinnovata e immersa nel verde. Con ristorante. *Mag-ott | 16 camere | tel 04 95 27 40 26 | www.hotelbocognano.com |* €

INFORMAZIONI

Nel municipio | tel 04 95 27 40 23 | bocognano.com

NEI DINTORNI

GOLA DI RICHJUSA

(144 B1) (*D10*)

L'imponente e isolata gola di Richjusa è una meta molto amata da chi pratica il torrentismo. Lo stretto passaggio scavato dal fiume si raggiunge tramite una stradina angusta che dall'uscita più alta del paese conduce alla frazione di Busso. Dal parcheggio sul fiume Gravona ci vogliono circa 40 minuti. È anche possibile fare il bagno.

CORTE

(141 F4) (*E9*) **La "capitale segreta" dell'isola (7300 abitanti) è stata il centro della resistenza corsa contro il dominio genovese.**

Ciononostante, sotto la guida di Pasquale Paoli, dal 1755 al 1769, fu sede del governo. In quegli anni fu costruita anche l'università che venne però chiusa nel 1769 e riaperta solo nel 1981.

DA VEDERE

COURS PAOLI

L'arteria principale del paese è la via delle passeggiate, dello shopping e delle chiacchiere intorno ai tavolini dei bar. Non dimenticate di assaggiare le prelibatezze a base di farina di castagne vendute in panetteria. In *Place Paoli* si erge la statua in bronzo dell'eroe nazionale Pasquale Paoli.

MUSÉE (RÉGIONAL D'ANTHROPOLOGIE) DE LA CORSE

Un'interessante presentazione della storia, dell'economia e della cultura isolana, su due piani. Il terzo è invece riservato alle esposizioni temporanee, mentre la fonoteca alla musica tradizionale. Il biglietto d'ingresso permette di visitare anche la cittadella che ospita il museo. Per la mostra permanente è disponibile un'audioguida in italiano (€1,50). *Apr-21 giu e 21 set-ott mar-dom 10-18, 22 giu-20 set tutti i giorni 10-20, nov-marzo mar-sab 10-17 | ingresso €5,30 | www.musee-corse.com*

CITTÀ ALTA

Nel pittoresco centro storico, le stradine in acciottolato salgono verso la ☀ cittadella e le facciate alte e sgretolate delle abitazioni creano un'atmosfera davvero suggestiva. La cappella *Ste-Croix* in Rue Colonel Feracci è il punto di partenza della celebre processione che si tiene prima di Pasqua. La chiesa *L'Annonciation*, invece, si affaccia su *Place Gaffori* (i fori di proiettile presenti sull'edificio che si trova all'angolo risalgono alla Guerra d'Indipendenza), da cui parte la salita verso il ☀ *belvedere*.

MANGIARE E BERE

LE CAFÉ DU COURS

Un bar tradizionale, piacevole per una pausa di relax. In estate, il martedì e il giovedì si organizzano serate di musica dal vivo. Vi è anche un internet café *(22 cours Paoli | tel 04 95 46 00 33 | €)*. Sopra al locale si trova l'*Hôtel du Nord*, con 16 camere *(tel 04 95 46 00 68 | www.hoteldunord-corte.com | €€)*.

U MUSEU

Questo ombreggiato ristorante all'aperto vicino al museo propone ottime ricette tradizionali. Menu a buon prezzo. *Apr-set | Rampe Ribanelle | tel 04 95 61 08 36 | www.restaurant-umuseu.com | €*

La cittadella di Corte

LE VINGT-QUATRE

Un ristorante di classe con pareti in pietra. Cucina raffinata con ingredienti locali presentati in modo curato in deliziose creazioni gastronomiche. Potete scegliere un menu o un piatto grande *(grande assiette)*, entrambi a prezzi ragionevoli. Ogni venerdì serata con musica di gruppi locali. *Inverno chiuso dom | 24 cours Paoli | tel 04 95 46 02 90 | €€*

SHOPPING

Nella parte alta della città si trovano le botteghe di diversi artigiani, tutte ben segnalate.

U GRANAGHJU

Scoprite gli ottimi prodotti regionali e le specialità tipiche come erbe aromatiche e confetture, vino di qualità, salumi e affettati. *2 cours Paoli*

CASA DI U LEGNU

Graziosi oggetti in legno e per la cucina, e molti giocattoli: un paradiso per i bambini. Impossibile non trovare un'idea regalo da mettere in valigia. *2 rue du vieux marché*

POTERIE LEONELLI

Ceramiche smaltate a regola d'arte. *4 rue Chiostra*

LOW BUDG€T

Se durante il vostro soggiorno in Corsica fate qualche amicizia, potete contrattare una vantaggiosa tariffa di gruppo da una guida alpina. Negli Offices de Tourisme troverete una lista di professionisti del settore *(guides et accompagnateurs)*.

Il *Village des Tortues* (Villaggio delle Tartarughe) si trova nella valle dell'Asco e si batte per evitare l'estinzione delle tartarughe di Hermann. Potete sostenere il progetto donando un piccolo contributo al termine della visita. *Tutti i giorni 9.30-13 e 14.30-19 | ingresso €6, bambini 5-16 anni €3 | Route d'Asco | Moltifao | tel 04 95 47 85 03 | villagedestortues.wordpress.com*

DOVE DORMIRE

DOMINIQUE COLONNA

(141 E4) *(🕮 E9)*

Hotel romantico e di buon gusto, in una posizione idilliaca sul fiume. *Fine marzo-ott | 28 camere | Vallée de la Restonica | tel 04 95 45 25 65 | www.dominique-colonna.com |* €€€

E CASELLE

(141 F5) *(🕮 E9)*

Questo grazioso albergo-ristorante si trova a *Venaco*, 10 km più a sud. Interessanti le proposte per il tempo libero. *24 camere, 17 monolocali | tel 04 95 47 39 00 | www.e-caselle.com |* €€€

HÔTEL U CASTELLU (141 F6) *(🕮 E10)*

Una casa padronale del 1905 situata nella foresta di *Vizzavona*, 30 km a sud di Corte. La terrazza e il giardino si affacciano sul Monte d'Oru. Buon punto di partenza per escursioni nella regione. In inverno, offerte convenienti per il servizio di mezza pensione. *10 camere | Vivario | tel 04 95 30 53 00 | www.hotel-ucastellu.fr |* €€€

HÔTEL DE LA PAIX

Stanze ristrutturate su quattro piani, in un antico palazzo di città. Posizione centrale, ottimo servizio, anche mezza pensione. *63 camere | 9 avenue du Général de Gaulle | tel 04 95 46 06 72 | www.hoteldelapaix-corte.fr |* €

KYRNFLOR

Bed & breakfast con 5 camere e bungalow. Nella tenuta sono coltivate piante aromatiche e officinali che vengono poi trasformate sul posto in oli e saponi. Con piscina e servizio di prima colazione incluso nel prezzo. *San Gavino | tel 04 95 61 02 88 | kyrnflor-chambresdhotes.com |* €€

INFORMAZIONI

Nella cittadella | tel 04 95 46 26 70 | www.corte-tourisme.com

NEI DINTORNI

CASCADES DES ANGLAIS ★

(144 B-C1) *(🕮 E10)*

Il più bel sentiero sul Col de Vizzavona (1161 m, 35 km a sud di Corte) parte dal paesino di *La Foce*, a nord del passo. In circa mezz'ora conduce alle cascate del torrente di montagna Agnone. Chi vuole può anche fare un giro sulla linea ferroviaria a scartamento ridotto "Micheline" che, attraversando il paesaggio montano da Corte a Vizzavona, permette di ammirare in tutta tranquillità lo splendido panorama *(→ p120)*.

GORGES DE LA RESTONICA

(141 E-F 4-5) *(🕮 E9)*

A Corte si trova una delle più belle gole della Corsica. Attraverso una valle stretta si sale progressivamente: qui i pinnacoli che si ergono dal fiume sono un vero spettacolo. Chi vuole può anche fare il bagno nelle ● pozze create lungo il corso del fiume *Restonica*, con rocce levigate dall'acqua. La strada termina più in alto, alla fine del bosco e dietro la *Bergerie de Grotelle* (1370 m), da cui si apre uno splendido panorama. Nell'alta valle, ai piedi del Monte Rotondo, ci sono diversi sentieri che portano, ad esempio, ai laghi montani ● *Lac de Melo* e *Lac de Capitello*. Visto che la zona è molto frequentata, il traffico è regolato dal servizio navetta *(€5)* garantito da metà luglio a metà agosto, dalle 8 alle 17, mentre nella stessa fascia oraria i mezzi privati possono procedere solo per 6 km e poi fermarsi al *Point Info de Chjarasgiolu (tel 04 95 46 33 92)* da cui si prosegue su un autobus diretto al parcheggio di fondovalle.

LE BOZIU (141 C4-142 A4) *(🕮 E-F9)*

Partite da Corte per un giro nei luoghi di maggiore interesse della zona. Prendete la D39 e andate ad *Alando*, dove sorgeva

Il torrente delle Gorges de la Restonica

il castello residenziale del generale e politico Sambucuccio, che nel XIV secolo impose una forma di proprietà terriera collettiva che valse al nord dell'isola il nome di *Terra di u Cumunu*.

La D39 prosegue quindi verso *Bustanico*, il piccolo villaggio da cui nel 1729 iniziò la Guerra d'Indipendenza; il crocifisso in legno nella chiesa parrocchiale è un bell'esempio di arte popolare corsa. Da Bustanico, la D441 e la D41 conducono a *Sermano*. Lungo la strada, non lontano dal paese, si erge la cappella di *San Nicolao* del VII secolo, con affreschi quattrocenteschi ben conservati e un suggestivo panorama montano sullo sfondo.

A questo punto potete fare un picnic oppure accomodarvi a un tavolo del ristorante *Chez Simon U San Fiurenzo (Route de Tralonca | tel 04 95 48 68 08 | €€)* di Sermano.

Per tornare a Corte, si prende la T20 (ex N193) al bivio poco prima di Sermano, passando per *Tralonca*, e si prosegue verso sud per 7,5 km.

MONTE D'ORO (141 E6) *(🕮 E10)*
Se siete allenati potete partire alla volta del paesino di *La Foce* e tentare l'impegnativa salita alla punta del Monte d'Oro (2389 m). Per andare e tornare calcolate circa 10 ore. È anche possibile compiere un anello. Informazioni a Corte presso l'ufficio del turismo *(→ p67)*.

NIOLO

(141 D-E 3-4) *(🕮 D8)* **Quest'ampia valle di montagna solcata dal corso superiore del fiume Golo è raggiungibile solo da due parti.**

LIBRI E FILM

Colomba – una storia di vendetta e onore, di Prosper Mérimée (Garzanti, 1984); **Fratelli corsi** – romanzo ambientato in una Corsica magica popolata di banditi, di Alexandre Dumas (Donzelli, 2009); **Un bandito corso** – storia d'avventura e delitto, di Guy de Maupassant (Einaudi, 1994).

Un giorno io e te – la natura selvaggia della Corsica e la durezza della trincea durante la prima guerra mondiale. Di Elsa Chabrol (Frassinelli, 2011).

Balco Atlantico – romanzo ambientato in un villaggio corso all'inizio degli anni Novanta, quando le faide interne fanno esplodere il movimento indipendentista. Di Jérôme Ferrari (e/o, 2013).

Asterix in Corsica – un classico a fumetti firmato René Goscinny e Albert Uderzo (Mondadori, 2009).

Corsica – cinque storie della durata di 15 minuti ciascuna, per la regia di N. Cirasola, G. Lazotti, G. Molteni, I. Spinelli e P. Squitieri (1991).

Il bandito corso – un film tratto da un fumetto di Pétillon su un detective privato. È girato tra Ajaccio, Île-Rousse e Sartène. Con Jean Reno (2004).

Apache – il film di Thierry de Peretti è incentrato sul lato "cattivo" della Corsica, un racconto di formazione e storia criminale. È girato sullo sfondo di Porto Vecchio (2013).

La fioritura dei mandorli inaugura la primavera nella valle del Niolo

Da ovest attraverso il passo Col de Vergio, a 1464 m di altitudine, e da est tramite la Scala di Santa Regina. Il piccolo villaggio di *Calacuccia*, interamente circondato dalle montagne, è un ottimo punto di partenza per gli scalatori e gli escursionisti che vogliono esplorare le vicine vette.

DA VEDERE

LAC DE CALACUCCIA
(141 D-E4) (*D8-9*)

Il lago artificiale serve a irrigare la pianura costiera orientale ed è sfruttato per la produzione di corrente elettrica. È circondato da una strada panoramica lunga 9 km. Conviene non fare il bagno nel Golo al di sotto del lago per evitare di essere travolti dalla forte corrente che si genera quando viene fatta defluire l'acqua a valle.

DOVE DORMIRE

L'AQUAVIVA (141 E4) (*D8*)

Hotel situato alla fine di Calacuccia, con 14 camere, piccole ma graziose. La prima colazione è inclusa nel prezzo. Punto di partenza ideale per le escursioni nei dintorni. *Tel 04 95 48 06 90 | www.aquaviva-fr.com* | €

CASA BALDUINA (141 E4) (*D8*)

Gli ospiti dell'albergo possono approfittare dei buoni piatti tradizionali compresi nel servizio di mezza pensione. *Mag-metà ott | 7 camere | di fronte al monastero, tra Albertacce e Calacuccia | tel 04 95 48 08 57 | www.casabalduina.com* | €

HOTEL DES TOURISTES
(141 E4) (*D8*)

Grazioso albergo con ampie stanze. Arredamento démodé. *Mag-metà ott | 25 ca-*

La Scala di Santa Regina

mere | Calacuccia | tel 04 95 48 00 04 | www.hotel-des-touristes.com | €

INFORMAZIONI

Calacuccia | Route de Cuccia | tel 04 95 48 05 22 | office-tourisme-niolu.fr

DESTINAZIONI NEL NIOLO

LAC DE NINO ★ (141 D5) (*M D9*)

Il percorso per arrivare al lago che si trova sull'altopiano *Camputile* a 1700 m è una delle più belle gite da fare in Corsica. Il punto di partenza è il posto di guardia forestale di *Poppaghia*, a metà strada tra i villaggi del Niolo e il passo di Verghio. Seguendo i cartelli gialli del sentiero, che attraversa splendidi paesaggi, si arriva in sole due ore al *Col de Stazzone*, appena al di sopra dell'altopiano, dove si apre un maestoso panorama sul vasto bacino d'acqua. Il ritorno segue lo stesso tracciato. Per questa escursione (700 m di dislivello) conviene calcolare una giornata intera.

SAN MICHELE
(141 F3) (*M E8*)

Visitate questa cappella dall'aspetto anonimo nel cimitero di *Castirla*, a 16 km da Calacuccia, più a valle. Gli affreschi, perfettamente conservati, sono del XV secolo e raffigurano, tra gli altri, Gesù e i dodici apostoli.

SCALA DI SANTA REGINA ★
(141 E3-4) (*M E8*)

La strada "Scala di Santa Regina" si snoda attraverso una gola selvaggia e frastagliata (D84), costeggiando magnifici spuntoni di roccia, a metà altezza tra il fiume Golo e le vette in granito rosso e grigio del deserto roccioso. Un ponte su un affluente, vicino a una piccola piazzola segnalata, porta a una ! mulattiera che fino al 1889 era l'unica a mettere in comunicazione il Niolo alla parte orientale.

VALLE DEL VIRU
(140-141 C-D4) *(🗺 C-D 8-9)*

Anche se non riuscite a raggiungere la cima della *Paglia Orba*, la montagna più bella della Corsica, potete godervi lo spettacolo facendo delle escursioni nella valle del Viru, con i suoi incantevoli paesaggi. Da Albertacce prendete la D318 che passa per Calasima e parcheggiate l'auto quando la strada diventa inagibile. Proseguendo a piedi, dopo circa 40 minuti si raggiunge la *Grotte des Anges* (1226 m), davvero impressionante. Alla *Bergerie de Ballone* ci sono profonde pozze dove fare il bagno.

TARAVO

(144 B4-C2) *(🗺 D13-E11)* **La valle del Taravo, verde e ricca d'acqua, è una delle più belle della Corsica, con diversi tracciati da percorrere a piedi su entrambi i lati del fiume.**

L'unica stazione di servizio della valle dell'alto Taravo si trova a *Bains de Guitera* (144 B4) *(🗺 E12)*, un villaggio con una sorgente termale ad accesso libero, ma non più utilizzata. Per gli acquisti potete recarvi al negozietto di *Zicavo* (144 C3) *(🗺 E12)*, piccolo ma ben fornito.

DA VEDERE

ALTOPIANO DI COSCIONE ★
(144 C4-5) *(🗺 E12-13)*

Le opzioni sono due: una passeggiata attraverso lo splendido paesaggio dell'altopiano, tra prati, faggi, blocchi di granito e fantastici panorami, oppure la salita al *Monte Incudine* (2134 m), adatta anche alle famiglie. Da *Zicavo* prendete la D69 verso sud e dopo circa 9 km svoltate a sinistra e proseguite sull'accidentata D428 fino alla cappella di *San Petru*. Da lì continuate a piedi sulla pista forestale che si dirama poco prima sulla sinistra.

POZZI DU RENOSU ★
(144 C2) *(🗺 E11)*

L'interramento dei laghi glaciali ha creato prati umidi disseminati di pozze d'acqua *(pozzines)*, raggiungibili in tre ore di salita (e due ore e mezza di discesa) dal *Col de Verde*. In questa zona crescono anche piante carnivore come la drosera.

MANGIARE E BERE

FERME AUBERGE U TARAVU
(144 B4) *(🗺 D12)*

A *Zevaco*, le specialità gastronomiche proposte da Nadia Andreucci sono il ragù, i salumi, gli affettati locali e un ottimo liquore al mirto. Nel menu sono compresi 0,25 l di vino e caffè. *Dic-set | Quartier Pucasa | tel 04 95 24 46 06 | €€*

SHOPPING

A *Zevaco* potete acquistare il saporito ! miele di corbezzolo prodotto da Dominique Poggi, i marroni canditi, la crema di castagne e le squisite confetture di Marina Ceccaldi. Presso l'associazione dei produttori potete trovare ottime soluzioni per souvenir e idee regalo. *Quartier Peru | www.gietaravu.corsica*

DOVE DORMIRE

A *Cozzano, Sampolo-Giovicacce* e *Zicavo* si possono affittare case per le vacanze e singole camere a prezzi ragionevoli. Consultate il sito web di Gîtes de France: *www.gitescorsica.com*

L'EST

Pianura e ampi litorali: la striscia di sabbia che si estende tra Querciolo e Solenzara è lunga più di 100 km ed è costellata di villaggi turistici frequentati dai molti visitatori stranieri che preferiscono trascorrere le vacanze lontano dai luoghi più autentici dell'isola.

La terra corsa, nel complesso difficile da coltivare, a est è più generosa. Per questo la zona è sfruttata soprattutto per l'agricoltura: qui vitigni e frutteti si susseguono a perdita d'occhio e gli stagni *(étangs)* sono popolati da uccelli migratori. Per conoscere la storia del paesaggio, invece, si può visitare il sito archeologico di Aléria, che illustra quali fossero le condizioni di vita in pianura circa 2000 anni fa; per approfondire le proprie conoscenze sugli usi e costumi locali bisogna invece addentrarsi nei villaggi montani, dove nacque il nazionalismo corso durante il dominio genovese.

Le località turistiche come Querciolo a nord, San Pellegrino, Moriani-Plage, Campoloro con il suo bel porto turistico, Prunete, Bravone, Ghisonaccia e Solenzara erano nate inizialmente come propaggini dei paesi dell'entroterra, ma con il passare del tempo si sono ingrandite e arricchite, perdendo purtroppo quel fascino tipico della regione. Qui le abitazioni si concentrano intorno alla strada principale, costellata di negozi, ristoranti e agenzie che offrono un'ampia scelta di attività outdoor a quei viaggiatori che amano la vita da spiag-

In foto: Morosaglia, patria di Pasquale Paoli

Bagni di sole e magnifiche escursioni: lunghe spiagge sulla costa e un superbo panorama montuoso sullo sfondo

gia, i villaggi turistici, le vacanze all inclusive o i club per naturisti. Anche le famiglie con figli piccoli si concentrano sulla costa orientale dell'isola: sia per il mare, perfetto per imparare a nuotare, sia per i litorali, che si susseguono l'uno dopo l'altro lungo la T10 (ex N198), da cui, ogni due chilometri, partono piccole strade dirette ai diversi arenili. Da non dimenticare, oltre alla chilometrica striscia di sabbia che arriva fino a Cap Corse, le meravigliose baie che si aprono tra Solenzara e Bonifacio.

ALÉRIA

(145 F1) (*G10*) **Il paese (2200 abitanti), situato in una zona pianeggiante alla foce del fiume Tavignano, è popolato fin dal Neolitico. Nel VI secolo a.C. i Greci focesi vi fondarono la grande base commerciale di Alalia, conquistata nel III secolo dai Romani, che da lì continuarono l'occupazione dell'intera isola, un'impresa durata quasi cent'anni che costò la vita a metà della popolazione locale.**

Dopo essere stata capitale della provincia romana della Corsica, per Aléria iniziò il declino, parallelo a quello dell'impero. Ciò che rimane oggi è un piccolo paese sovrastato dal *Fort de Matra*, mentre il villaggio di *Caterraggio*, sulla riva nord del Tavignano, è nel frattempo diventato il vero centro del paese con l'Office de Tourisme e la maggior parte dei negozi.

Resti dell'antica città romana di Alalia nei pressi di Aléria

DA VEDERE

SITO ARCHEOLOGICO

A sud ovest di Aléria sorgono le rovine della città romana, accessibili dal museo Carcopino. Nonostante gli scavi archeologici non siano ancora conclusi, potete passeggiare tra le mura e riconoscere la struttura base della città, con le terme, il foro e il tempio di Augusto.

MUSEO DI ARCHEOLOGIA GHJILORMU CARCOPINO

Un'ampia e interessante collezione di oggetti della Aléria romana e della necropoli greca. Il museo è ospitato nel *Fort de Matra*, costruito durante il dominio genovese. *16 mag-set lun-sab 9-12 e 13-18, ott-15 mag lun-sab 8-12 e 13-17 | ingresso €2*

MANGIARE E BERE

AUX COQUILLAGES DE DIANE

Ristorante galleggiante la cui specialità sono i frutti di mare dell'*étang*. Da giugno a settembre potrete accomodarvi direttamente sulla laguna attraverso una passerella di 30 m. Si consiglia di prenotare. *Mag-set tutti i giorni; ott-apr solo a pranzo, ven-sab anche di sera | 2 km a nord di Aléria | tel 06 76 10 00 03 | www.restaurant-coquillagesdediana-aleria.com | €€*

SALON DE THÉ LA TOUR

Torte deliziose, ottimi gelati, nelle serate estive anche pizza e spuntini. Molto graziose le quattro case vacanze annesse (€-€€). *Giu-set tutti i giorni, mag e ott chiuso mer | 12 km a nord sulla strada per il mare, a Bravone, a 300 m dalla spiaggia | tel 04 95 38 81 54 | www.latourbravone.com | €*

SHOPPING

AZIENDA ITTICA ÉTANG DE DIANE ★

Qui si possono acquistare, direttamente dalla fonte, ostriche apprezzate per il sapore di noce, i crostacei e i pesci come l'anguilla appena pescati, tutti a un prezzo relativamente conveniente. *All'estremità nord dello stagno*

DOVE DORMIRE

LES ORANGERS

Un complesso alberghiero semplice ma molto accogliente. Si trova a Caterraggio, in centro, vicino al fiume e al mare. Ha annesso un ristorante con wi-fi gratuito e offre la possibilità di praticare tennis e canoa. *13 camere | Route de la Plage | tel 04 95 57 00 31 | www.hotel-aleria-lesorangers.com | €*

INFORMAZIONI

Sulla T10 (ex N198), a nord del fiume | tel 04 95 57 01 51 | www.oriente-corsica.com
Proseguendo verso nord sulla strada principale, in estate è aperto un punto informazioni anche presso il municipio di *Linguizetta*.

CASINCA

(142 B-C2) (*G7*) **Tra i fiumi Golo e Fium'Altu si trova la splendida regione collinare della Casinca, una delle zone più densamente popolate della Corsica e ricca di un passato culturale come pieve fin dal IX secolo.**

I vitigni, i frutteti e i campi di cereali prosperano grazie all'abbondanza d'acqua e alla fertilità del terreno, così come gli ulivi e i castagni secolari che da tempi immemorabili ricoprono i pendii della regione.

DESTINAZIONI NELLA CASINCA

! LORETO DI CASINCA

(142 B2) (*G7*)

Questo piccolo villaggio (250 abitanti) sorge sul versante del Monte Sant'Angelu (1218 m). I punti di interesse sono il lavatoio con acqua di sorgente, la piazza centrale costellata di platani e le stradine a gradini. Il vero pezzo forte, però, è il panorama che si apre sulla pianura e sul mare. Merita una visita anche il paesino di *Penta di Casinca*, a pochi chilometri di distanza.

! VESCOVATO

(142 B2) (*G7*)

Il piacevole percorso sulla D237 conduce a Vescovato (2550 abitanti), un tradizionale villaggio fortificato della Corsica settentrionale. È attraversato da strette stradine a gradini che raggiungono la piazza centrale, con fontana, utilizzata anche come cortile di una scuola. *Venzolasca* (a 3 km di distanza)

LE SCELTE MARCO POLO

★ Azienda ittica Étang de Diane
Ottime specialità di pesce, non solo molluschi → p75

★ Monte San Petrone
La Corsica vista dall'alto → p77

★ Défilé de l'Inzecca
Una splendida gola in un solitario paesaggio montuoso → p80

★ Pozze d'acqua
Un bagno nel fiume Solenzara → p83

sorge in una posizione meravigliosa su uno sperone di roccia al di sopra della pianura.

MANGIARE E BERE

U RATAGHJU

Tipico ristorante corso con ottimi piatti tradizionali e uno splendido panorama. Si consiglia il menu fisso da €30 che comprende il vino. *Metà giu-metà set | tel 04 95 36 30 66* | €-€€

CASTAGNICCIA

(142 B-C 2-4) *(F-G 7-9)* **In passato la Castagniccia era la regione più densamente popolata dell'isola. Per questo motivo è ancora oggi attraversata da una fitta rete di strade e stradine.**

Il nome si deve ai boschi di castagni che ricoprono le sue valli e le sue alture; i loro tronchi possono raggiungere i 20 m di altezza e ricordano le distese di foreste nordiche. Furono piantati dai Genovesi al posto delle querce in modo che i corsi, molto poveri a causa degli ingenti tributi che dovevano versare, potessero trarre sostentamento dai loro frutti. Ancora oggi la farina di castagne è usatissima nella regione ed è diventata una specialità tipica dell'isola tanto che un pranzo di nozze può prevedere fino a venti portate diverse tutte a base di farina di castagne. Purtroppo però, solo sporadicamente i castagneti vengono curati e ripuliti: lo spopolamento del XX secolo ha sottratto gran parte della forza lavoro attiva in passato. A inizio estate il magnifico spettacolo della fioritura degli alberi si presenta in tutto il suo splendore; a giugno, infatti, i pendii si tingono del giallo chiaro delle infiorescenze, la cui forma le fa sembrare candele luminose.

DESTINAZIONI NELLA CASTAGNICCIA

CERVIONE

(142 B4) *(G8)*

Un paese ricco di storia (1700 abitanti): in passato centro vescovile, ex capitale dell'isola e oggi capoluogo della Castagniccia. Fondata nel 1589, *St-Erasme* è la chiesa barocca più antica della Corsica. Sulla stessa piazza si erge la residenza *Loghja Re Theodor*, che nel 1736 fu sede del governo del barone della Westfalia Theodor von Neuhoff, incoronato re di Corsica nel Couvent

PISCICOLTURA

Nel 1974 è stato avviato un progetto finalizzato allo sfruttamento delle acque lungo le coste della Corsica. Fino ad allora il mercato locale di pesce, crostacei e mitili era fortemente legato all'importazione, mentre oggi circa il 75% dei molluschi raccolti nell'*Étang de Diane* e *nell'Étang d'Urbino*, situato un po' più a sud, viene consumato direttamente dai corsi, il restante 25% esportato in Italia. Le condizioni climatiche e la qualità dell'acqua sono eccezionali, tanto che le ostriche e le cozze impiegano un quarto del tempo solitamente necessario per crescere. I quattro bacini sono di proprietà privata e la gestione della produzione è affidata a tre aziende.

Il paese di Loreto di Casinca domina sui boschi della Castagniccia

d'Alesani, in carica per soli nove mesi prima di abdicare. Sempre qui si affaccia il ristorante *Aux 3 Fourchettes (tutti i giorni | tel 04 95 38 14 86 | www.aux3fourchettes.com | €)*, con alcuni posti all'aperto e un'ampia scelta di squisite specialità corse, dal cinghiale ai piatti a base di *brocciu*. La collezione del *Musée Ethnographique (15 giu-15 set lun-sab 9-12 e 14-19, 15 set-15 giu lun-sab 10-12 e 14.30-18 | nella stradina a destra della cattedrale | ingresso €3)* è incentrata sulla storia, l'artigianato e l'arte religiosa.

A pochi chilometri da Cervione, verso l'entroterra, si trova quello che fu il centro della resistenza corsa nel XVIII secolo, *Couvent d'Alesani*, con una chiesa restaurata (sulla D217).

Al ! *Col d'Arcarotta* (D71), nelle domeniche di luglio e agosto, dalle 10 alle 14 potrete visitare il piccolo *mercato delle specialità locali*, di fronte all'Auberge des Deux-Vallées.

CARCHETO (142 B4) *(F8)*

All'inizio del XX secolo, a Carcheto (24 abitanti) viveva il famigerato bandito François-Marie Castelli. Qui potete visitare la *chiesa parrocchiale*, costruita a fine Ottocento, e ammirare l'affresco della via crucis e della deposizione di Cristo. La zona è nota per l'estrazione della pietra verde *Vert d'Orezza*, unica al mondo e usata in gioielli e mosaici.

MONTE SAN PETRONE ★
(142 A3) *(F8)*

Con i suoi 1767 m è la montagna più alta del nord est e offre una delle migliori vedute sull'isola. Seguendo il sentiero che attraversa ombrose faggete, si raggiunge la cima senza troppe difficoltà (andata e ritorno 5 ore). Il punto di partenza per la salita è il *Col de Prato* (985 m).

MOROSAGLIA (142 A3) *(F8)*

Luogo di nascita (1150 abitanti) di Pasquale Paoli, paladino della libertà e

Dettaglio di una fontana della chiesa St-Jean-Baptiste nel comune di La Porta

"padre della nazione", battezzato nella chiesa romanica di *Santa Reparata*. Nel *Musée Pasquale Paoli (apr-set mer-lun 9-12 e 13-18, ott-marzo mer-lun 9-12 e 13-17 | ingresso €2 | estremità est del centro abitato)* è possibile immaginare come viveva la borghesia colta della Corsica nel XVIII secolo; una cappella ospita le ceneri di Paoli, riportate in patria nel 1899. Da Morosaglia (140 abitanti) partono diversi sentieri per le escursioni.

PIEDICROCE

(142 B3) *(🕮 F8)*

Su uno sperone di roccia in una foresta di castagni sorge l'unico paese della zona con un albergo. Le sontuose decorazioni in oro all'interno della chiesa di *Saint-Pierre et Saint-Paul* meritano una visita. Non lontano dal paese si trovano le rovine del *Couvent d'Orezza*, culla del rinnovamento politico del XVIII secolo. La D506/D46 scende fino alla sorgente di acque minerali *Eaux d'Orezza (www.orezza.com)*, che sgorgano da 6000 m di profondità e sono naturalmente ricche di anidride carbonica. Il paesino di *Campana* (D71) è molto suggestivo. I borghi della zona sono collegati da una fitta rete di sentieri.

LA PORTA (142 A3) *(🕮 F8)*

Il pezzo forte è la chiesa barocca *St-Jean-Baptiste*, accanto alla quale sorge una bella torre campanaria. La posizione del paese all'interno della valle è perfetta per piacevoli passeggiate nei dintorni.

MANGIARE E BERE

AUBERGE DE DEUX VALLÉES

(142 B4) *(🕮 G8)*

Piatti buoni e convenienti. *Chiuso dic-marzo e mer | Col d'Arcarotta | Piobetta | tel 04 95 35 91 20 | €-€€*

SHOPPING

U CASONE (142 A3) *(🕮 F8)*

Stéphane Guerrini è uno dei pochi produttori di farina di castagne rimasti sull'isola. Il periodo migliore per acquistarla è quello invernale, in particolare tra novembre e marzo, ma non è detto che anche nelle altre stagioni dell'anno non troviate ancora qualche prodotto disponibile. *Loriani | San Lorenzo | tel 04 95 47 62 37*

CASTAGNA DI VALLERUSTIE

(142 A3) *(🕮 F8)*

L'azienda a conduzione famigliare di Jean-Paul Vincensini propone solo prodotti naturali, dalle mele alla selvaggina: frutta, verdura, marmellate, pollame e carne di maiale. È necessario telefonare e prendere appuntamento, oppure acquistare i prodotti online. *Rue Baraques de Rio (direzione Coïbiti) | San Lorenzo | tel 04 95 47 15 45 | www.corse-bio.fr*

LANA CORSA (141 F2) (*🗺 E7*)
Lana e articoli di maglieria con motivi corsi. Chi è interessato al processo di lavorazione può visitare la piccola mostra allestita dal comitato. *Estate lun-sab 9-19 | sulla strada principale tra Ponte Leccia e Francardo | tel 04 95 48 43 79 | www.lana-corsa.com*

DOVE DORMIRE

LE REFUGE (142 B3) (*🗺 F8*)
Una buona sistemazione alberghiera, con un ristorante molto frequentato dalla gente del posto. *20 camere | Piedicroce | tel 04 95 35 82 65 | www.hotel-restaurant-piedicroce.com* | €

INFORMAZIONI

Piccolo Syndicat d'Initiative a *Piedicroce (tel 04 95 33 38 21)*, ufficio più grande a *Follelli* (142 C3) (*🗺 G7*), in pianura *(tel 04 95 35 82 54 | www.castagniccia.fr).*

GHISONACCIA

(145 E2) (*🗺 G11*) **Nonostante il paesino (3900 abitanti) non si affacci direttamente sul mare è dotato di buone strutture alberghiere.**

I villaggi turistici e i campeggi vicini alle lunghe spiagge di sabbia della costa est, i supermercati, gli sportelli bancomat, le panetterie e i vari negozi che vendono *produits corses* rispondono perfettamente alle esigenze dei visitatori stranieri che scelgono Ghisonaccia come meta di vacanza. Il paese è anche usato come punto di partenza del sentiero a lunga percorrenza "Da Mare a Mare", in direzione di Ajaccio.

MANGIARE E BERE

LES BOUCHONS
Questo piccolo ristorante, raggiungibile solo attraverso strette stradine, merita sicuramente una sosta. Ottimi piatti con prodotti locali e ingredienti biologici. Servizio accogliente in un ambiente molto familiare. *Tutti i giorni | Plage de Chiola | Ghisonaccia | tel 06 38 71 10 72 | www.lesbouchons.net* | €€-€€€

A CASA MARIA CICILIA
Ristorante e albergo, atmosfera accogliente e cucina mediterranea. In caso di bel tempo è possibile sedere nel patio. *60 route de Ghisoni | tel 04 95 56 00 41 | www.casamariacicilia.com* | €-€€

SHOPPING

A luglio e agosto, di venerdì, i negozi del paese rimangono aperti fino a mezzanotte *(shopping de nuit)* e lungo le strade, pedonalizzate per l'occasione, si esibiscono diversi gruppi musicali e artisti che con i loro spettacoli animano l'atmosfera. È anche disponibile un servizio di navetta che ferma nei villaggi turistici lungo la spiaggia.

DOVE DORMIRE

HÔTEL FRANCESCHINI
Albergo molto curato con stanze climatizzate e ristorante. Su una strada trafficata. *10 camere | Avenue du 9 Septembre | tel 04 95 56 06 39 | www.hotelfranceschini.com* | €€

SPORT E TEMPO LIBERO

! VIA FERRATA U CALANCONI
(145 D3) (*🗺 F12*)
Scale, "ponti delle scimmie", cavi e corde: quattro ore di avventura in montagna.

Mag-set 9-18, ultima partenza alle 14.30 | da Travo sulla D645 in direzione di Chisa | ingresso €15, noleggio attrezzatura €10 | www.viaferratachisa.fr

DI SERA

A VOLTA

La simpatica enoteca in centro al paese offre alla mescita molti vini corsi e all'ora dei pasti *(12-14.30 e 19-23 | €)* anche piccoli piatti e aperitivi. *Lun-sab 7-2 | 748 avenue du 9 Septembre*

! LE PASQUALE PAOLI

Un buon ristorante che serve l'ottima birra artigianale prodotta da A Tribbiera: l'Apa è la chiara aromatizzata al miele, la Mora è scura, la Prima è fruttata e la Embria è ai tre cereali. Anche punto vendita. Il venerdì divertenti serate di musica. *Mar-sab 10-2, dom 17-2 | Casamozza | a sud sulla T10 (ex N198) | tel 04 95 56 37 23*

INFORMAZIONI

Route de Ghisoni | tel 04 95 56 12 38 | www.corsica-costaserena.com

NEI DINTORNI

FIUM'ORBU (145 D-E2) *(F11)*

Una tappa a *Ghisoni* (144 C1) *(E10)*, situato 25 km a nord ovest sulla D344, merita non tanto per il paese in sé o per il tratto inferiore del Fium'Orbu, piuttosto monotono, ma soprattutto per ammirare le alte gole *Défilé des Strette* e ★ *Défilé de l'Inzecca*. Quest'ultima, in particolare, colpisce per le pareti a strapiombo, alte più di 100 m e scavate nel corso di milioni di anni.

Anche il massiccio montuoso di *Christe-Eleïson et Kyrie-Eleïson* è impressionante. I sentieri sono stati perlopiù coperti dalla macchia, motivo per cui conviene proseguire in automobile fino ai piedi del *Monte Renosu* (144 C2) *(E11)*; 6 km a sud di Ghisoni, la D169 si separa dalla D69 e attraversa un bosco secolare fino a raggiungere il pascolo di *Capannelle* (1640 m, a 30 minuti da Ghisoni); da qui potete finalmente proseguire a piedi su un piacevole sentiero contrassegnato da omini di pietra che in mezz'ora, per i più allenati, porta alla sorgente del Pizzolo. Proseguendo per altri 30 minuti si giunge invece al *Lac de Bastani* (2092 m), di un blu intenso, mentre per raggiungere la croce di ferro sulla cima del *Renosu*, che si erge davanti a voi con i suoi 2352 m di altitudine, dovete calcolare ancora un'ora di cammino.

L'*Auberge de l'Inzecca (17 km da Ghisonaccia sulla D344 | tel 04 95 56 62 62 | €€)* (145 D1) *(F10-11)* propone cucina corsa e porzioni abbondanti in una splendida cornice naturale. Sulla via del ritorno potete anche visitare i graziosi villaggi del Fium'Orbu e il paese di *Prunelli di Fium'Orbu* (3100 abitanti) (145 D2) *(F11)*, con una chiesa romanica del VII secolo. Al di sotto del lago artificiale svoltate a destra sulla D44, una bella strada panoramica.

SPIAGGIA (145 E3) *(G11-12)*

Da Ghisonaccia bisogna percorrere circa 5 km verso sud sulla Route de la Mer per raggiungere la spiaggia di sabbia *Pinia*.

MORIANI-PLAGE

(142 C3) *(G8)* **In origine località portuale della vicina San Nicolao, Moriani-Plage (1800 abitanti) viene talvolta chiamata *San Nicolao-Plage* o *Padulella*.**

Essendo uno dei pochi paesi sulla strada principale della costa orientale, ha acquisito importanza grazie al turismo, nonostante non riservi particolari sorprese. La vera attrattiva della zona è costituita dall'entroterra, dai villaggi turistici e dalle spiagge di sabbia fine.

SHOPPING

LE MOULIN DE PRUNETE

Nel mulino si producono oli di ottima qualità (circa €15 per 0,75 l); le olive sono raccolte direttamente nella tenuta della proprietà. *Lun-sab 9-12 e 15-19 | sulla T10 (ex N198) a Prunete, 10 km a sud di Moriani-Plage | tel 04 95 38 01 84*

SPORT E TEMPO LIBERO

In spiaggia potete noleggiare l'attrezzatura per diversi sport acquatici, compresi sci d'acqua, canoa e surf.

DOVE DORMIRE

COSTA VERDE

Albergo a Moriani-Plage con stanze semplici e confortevoli; le migliori si trovano nell'edificio più nuovo. *15 camere | tel 06 80 70 80 72 | www.hotel-costaverde.fr* | €

LEVOLLE MARINE

Albergo con 18 camere in splendida posizione sulla spiaggia. Atmosfera accogliente e familiare. Sauna e jacuzzi, ombrellone e lettino da spiaggia compresi nel prezzo. *Poggio Mezzana Plage | tel 04 95 58 41 50 | www.levollemarine.com* | €€

INFORMAZIONI

In centro paese, sulla T10 (ex N198) | tel 04 95 38 41 73 | castagniccia-maremonti.com

La vetta del Monte Renosu

Le magnifiche piscine naturali del fiume Solenzara

NEI DINTORNI

CORNICHE DE LA CASTAGNICCIA

(142 C3-4) (G8-9)
La strada panoramica Corniche de la Castagniccia offre fantastiche vedute sulla collina e sul mare. Da Moriani-Plage conduce in montagna passando per San Nicolao e prosegue sulla D330 verso Cervione per poi ridiscendere verso la costa (23 km). A *Cervione* si può svoltare sulla D71 per intraprendere un ampio percorso attraverso la Castagniccia fino a *Ponte Leccia* (7 km) con ritorno sulla T20 (ex N193)/T10 (ex N198) (52 km).

PLAGE D'ALISTRO (142 C5) *(G9)*

Vicino alla torre di Alistro, 14 km a sud, si trova questa bella spiaggia, lunga e di solito poco frequentata, ideale per bagni e passeggiate, soprattutto in direzione nord.

SOLENZARA

(145 E4) *(G13)* **Questa vivace località balneare (1400 abitanti) sorge all'estremità sud della Plaine Orientale, il bassopiano orientale della Corsica.**
L'entroterra è molto bello *(vedi il capitolo Gite ed escursioni → p105)* e in appena mezz'ora di viaggio si raggiunge un meraviglioso paesaggio montano. Il porto e le spiagge nei dintorni fanno di Solenzara una popolare meta turistica, un centro in sé poco interessante, ma con diversi negozi, un ufficio postale, banche e impianti sportivi.

MANGIARE E BERE

A MANDRIA DE SÉBASTIEN

Un antico ovile trasformato in un grazioso ristorante che propone piatti della cucina regionale preparati con cura. In estate è necessario prenotare. Talvolta il servizio non è così rapido. Anche quattro camere *(tel 04 95 57 44 41 | €€). Sulla T10 (ex N198) in direzione nord, a circa 1 km dal centro, sulla sinistra oltre il ponte | tel 04 95 57 41 95 | €€*

A PINZUTELLA

Immerso nella natura, il ristorante serve ottime portate a base di carne di vitello, manzo e capretto, tutti allevati sul posto. Dal dehors si apre un magnifico panorama sul massiccio di Bavella. Si consiglia di prenotare. Anche tre piccole villette (€280-€880 a settimana, a seconda della stagione). *Metà mag-set, chiuso lun | a 5 km da Solenzara sulla Route de Bavella, lontano dalla strada | tel 04 95 57 41 18 | www.auberge-apinzutella.com | €€*

SPORT E TEMPO LIBERO

SUBAQUATIQUE CLUB

Nel porto, propone corsi e gite di vario genere. *Tel 04 95 57 44 19 | www.sccn-solenzara.org*

DOVE DORMIRE

LA SOLENZARA

Albergo curato e confortevole del XVIII secolo, con un nuovo edificio separato. Piscina con bella vista mare. *Apr-metà nov | 28 camere | Quartier du Palais | tel 04 95 57 42 18 | www.hotel-lasolenzara.com | €€*

ORSONI

Albergo accogliente con ristorante annesso *Casa-Corsa (tel 04 95 57 41 47 | €-€€)*. Le stanze sono spaziose e ben tenute. Anche camere con più letti. *Apr-nov | 8 camere | Rue Principale | tel 04 95 57 40 25 | www.hotelorsoni.com | €-€€*

INFORMAZIONI

Office de Tourisme de la Côte des Nacres | Place des anciennes écoles | Sari-Solenzara | tel 04 95 57 43 75 | www.cotedesnacres.com

NEI DINTORNI

POZZE D'ACQUA ★ ● (145 E4) *(G13)*

Una volta superato il ponte che si trova a nord di Solenzara svoltate verso l'entroterra. Dopo pochi chilometri raggiungerete alcune pozze adatte per fare il bagno; alcune sono vicine alla strada, visibilmente allargata, ma per fortuna il traffico, sempre contenuto, non vi disturberà.

Proseguendo per altri 7 km nell'interno arriverete al campeggio *U Rosumarinu*, con un parcheggio pubblico e un'altra piscinetta naturale lungo il Solenzara. La ! piccola spiaggia di sabbia sulla riva di fronte è facilmente raggiungibile passando sulle grandi pietre che emergono dal fiume.

SPIAGGE

(145 E4-5) *(G12-13)*

A nord di Solenzara si estende la lunga spiaggia di *Scaffa Rossa*. La T10 (ex N198), in direzione sud, conduce alle baie sabbiose *(anse)* di *Cannella* (6 km), con un boschetto e un bar, *Favone* (8 km) e *Tarcu* (12 km).

LOW BUDG€T

Relax per il corpo e per la mente all'*Étang d'Urbino*. In più ottimi piatti a base di pesce o di ostriche serviti sulla galleggiante *Ferme d'Urbino*, a prezzi ragionevoli *(menu €19-€24 | sulla Route de l'Etang | T10 (ex N198) | tel 04 95 57 30 89)*.

Non c'è nulla di più divertente di una chiacchierata con i giocatori di bocce del posto. Discutere, anche a gesti se necessario, di questioni tecniche non costa nulla. L'unica cosa che dovete acquistare è l'attrezzatura necessaria, ma al supermercato potete comprare il kit completo con circa €20. Solo all'ora dell'aperitivo, la "spesa" potrebbe aumentare.

IL SUD

Il sud dell'isola, servito dall'aeroporto di Figari, è una meta apprezzata soprattutto da chi viaggia in modo autonomo. Molti vi tornano più volte per esplorare le numerose baie della zona e scoprire i vari paesi che si nascondono nell'entroterra.
Conviene muoversi con la propria auto o noleggiarne una all'aeroporto poiché la rete dei trasporti pubblici non è molto sviluppata.

ALTA ROCCA

(144 B-C 5-6 e 146-147 C-D 1-2) (*🕮 D-F 13-15*) **L'Alta Rocca deve il suo nome alla famiglia nobile che in passato regnava su tutta la regione montuosa meridionale a partire dalla zona intorno a Olmeto.**
Cime e valli, fiumi e foreste, insediamenti preistorici, paesi tranquilli e cittadine vivaci, il tutto collegato da una rete di stradine segnalate in arancione, con l'eccezione dei sentieri meno battuti ormai coperti dalla vegetazione. L'unica stazione di rifornimento è a Levie, mentre a Aullène il distributore (di solito soltanto diesel) è in servizio solo quando è aperto il piccolo esercizio commerciale accanto.

DESTINAZIONI NELL'ALTA ROCCA

AULLÈNE (144 B5) (*🕮 E13*)
Paesino in pietra a 850 m di altitudine con antichi edifici, una chiesa del

In foto: la spiaggia di Santa Giulia nei pressi di Porto Vecchio

Sabbia, scogli, sole e molto altro: magnifici litorali, la città più conosciuta dell'isola e un entroterra ricco di storia

XVII secolo e uno straordinario panorama montano tutt'intorno. Dopo una passeggiata sulle alture coperte di boschi potete accomodarvi sulla terrazza dell'Hôtel de la Poste.

COL DE BAVELLA ★

(144-145 C-D5) (*E13*)

Il più bel passo dell'isola situato a 1218 m di altitudine, molto frequentato. Per di più, vicino al parcheggio si apre un paesaggio montano di rara bellezza, selvaggio e solitario, attraversato anche dal GR20. Tra le diverse escursioni di una giornata dirette alle cime circostanti segnaliamo quella alla *Punta Velacu*, a sud del passo, non troppo battuta dai turisti né eccessivamente difficile.

LEVIE (144 C6) (*E14*)

Questo villaggio montano (750 abitanti), importante nel periodo preistorico, è il capoluogo dell'Alta Rocca. Nel ● *Musée départemental de Levie (mag-set tutti i giorni 10-18, ott-apr mar-sab 9-12 e 13.30-17.15 | Quartier Pratu, sulla strada per Carbini |*

Ste-Lucie-de-Tallano, in passato punto difensivo

ingresso €4) è esposto lo scheletro della "Dama di Bonifacio", risalente al 6570 a.C., la testimonianza più antica dell'isola rinvenuta nella grotta di Araguina-Sennola. Un paio di chilometri a nord di Levie sorgono gli insediamenti preistorici risalenti all'Età del Bronzo *Cucuruzzu* e *Capula* (segnalati), visitabili durante un'escursione nella foresta al costo di €5,50, con audioguida in italiano *(giu-set 9.30-19, apr-mag e ott 9.30-18 | ultimo ingresso 2 ore prima della chiusura)*.

L'OSPEDALE (147 D1) *(E14)*

Da questo piccolo paese di montagna si apre un panorama sorprendente. Nel bosco omonimo, dietro al paese, si possono fare belle passeggiate, ad esempio alla cascata *Piscia de Gallo*. L'escursione parte dal parcheggio (con tavola calda) ed è particolarmente piacevole se fatta in primavera, nel periodo compreso tra aprile e giugno.

QUENZA (144 C5) *(E13)*

Il paese in granito grigio, con graziosi caffè sulla strada principale, è un centro rinomato per l'escursionismo. Pur essendo molto bello, l'*altopiano di Coscione* è ancora poco frequentato. Le incantevoli ! pozze del fiume Criviscia, tra Quenza e Zonza, sono perfette per fare il bagno.

STE-LUCIE-DE-TALLANO (144 B6) *(D14)*

Le case di questo piccolo centro abitato si raggruppano intorno a una piazza con una fontana d'acqua potabile. Gli edifici a forma di torre *(torra)* e l'antico ! *frantoio* *(mag-ott tutti i giorni 10-12 e 15-18)* sono davvero suggestivi. Nei negozi potrete acquistare ottimi vini bianchi, olio di noci e di oliva. La diorite orbicolare, una pietra dura e scura con depositi verdi e bianchi di altri minerali, tipica di questa zona, è stata usata anche per costruire la Cappella dei Medici a Firenze.

ZONZA (144 C5) (*E13*)
Essendo situata nel punto in cui si incontrano tutti i percorsi che attraversano l'Alta Rocca, Zonza è il capoluogo turistico della regione (2500 abitanti), con molti alberghi, caffè e ristoranti. La foresta raggiunge le cime della Bavella. Di qui partono sentieri da percorrere a piedi e vie d'arrampicata, in tutte le direzioni.

MANGIARE E BERE

L'AIGLON (144 C5) (*E13*)
Ottimi piatti corsi, preparati con un tocco di creatività. Anche 11 camere d'albergo, arredate in modo elegante e raffinato. Comodo il parcheggio privato messo a disposizione degli ospiti della struttura (€-€€). *Rue Principale | Zonza | tel 04 95 78 67 79 | www.hotel-zonza.com | €-€€*

! A PIGNATA (144 C6) (*E14*)
Un ristorante gestito da una famiglia di agricoltori dove si usano ingredienti prodotti sul posto. In una splendida posizione, un po' nascosta: seguite le indicazioni per Cucuruzzu e poco prima di arrivare svoltate su una pista a sinistra. Con 16 camere (€€€) e piscina. Gite a cavallo in estate. Menu corso per buongustai a €45. *Route des sites archéologiques de Cucuruzzu | Levie | tel 04 95 78 41 90 | www.apignata.com | €€€*

SPORT E TEMPO LIBERO

A MONTAGNOLA (144 C5) (*E13*)
Divertenti escursioni di gruppo, anche per famiglie. *Sulla D240 | Quenza | tel 04 95 78 65 19 | www.a-montagnola.com*

CORSE ODYSSÉE (144 C5) (*E13*)
Gite organizzate, equitazione, quad, percorsi avventura, scalata e torrentismo. *Nella Gîte d'Etape di Quenza | tel 04 95 78 64 05 | www.gite-corse-odyssee.com*

DOVE DORMIRE

HÔTEL DE LA POSTE
(144 B5) (*E13*)
Una struttura alberghiera con comfort di base e bagno in corridoio. Il padrone dà volentieri consigli per esplorare la zona. *20 camere | Aullène | tel 04 95 78 61 21 | www.hotel-de-la-poste-aullene.com | €*

AUBERGE SOLE E MONTI
(144 C5) (*E13*)
Hotel in splendida posizione, arredato in stile moderno, con giardino e ristorante. *Apr-set | 20 camere | Quartier Monticello | Quenza | tel 04 95 78 62 53 | www.sole monti.com | €€*

INFORMAZIONI

Nel centro di Zonza | tel 04 95 71 48 99 | www.zonza-saintelucie.com

LE SCELTE MARCO POLO

★ **Col de Bavella**
Paesaggio suggestivo montano sulla costa sudorientale → p85

★ **Bonifacio**
A spasso tra i vicoli della città alta → p88

★ **Capu di Roccapina**
La splendida spiaggia è sorvegliata da un leone di pietra → p91

★ **Filitosa**
Il più grande insediamento preistorico dell'isola, con un interessante museo → p95

★ **Sartène**
Un paese medievale dall'aspetto severo → p96

Bonifacio è costruita su una scogliera calcarea a picco sul mare

BONIFACIO

CARTINA NEL RISVOLTO DI COPERTINA

(147 D4) (*E16-17*) **Alle spalle del porto di ★ Bonifacio (2950 abitanti) vi sono pareti rocciose alte 60 m e una stretta via di accesso.**

Dietro alla banchina si ergono le mura della fortezza che separano la città vecchia dalla parte che si affaccia sull'entroterra. Le abitazioni sulla costa sono talmente vicine agli scogli che sembra quasi possano essere inghiottite dal mare da un momento all'altro. Prima di addentrarvi nel centro storico potete fare un giro lungo la linea costiera e approfittare delle splendide vedute che si aprono su Bonifacio.

In estate, nonostante il consistente afflusso di turisti, vale la pena passeggiare tra le viuzze della città alta e i suoi negozietti eleganti, anche per godersi il panorama.

Non è possibile parcheggiare gratuitamente ai lati della strada. Al porto esiste un parcheggio, ma solo per soste brevi e molto caro; scendendo verso valle si trovano dei posti a pagamento sulla sinistra. Mentre nei pressi della rotonda prima della strada che porta a valle potete parcheggiare gratis. Dalla banchina del porto, in corrispondenza della chiesa di St-Erasme, si sale sulla viuzza a gradini che porta al *Col St-Roch*.

Di qui potete scendere alla spiaggia *Sutta Rocca* e ammirare il magnifico spettacolo offerto dalle rocce a strapiombo sul mare. Dal piccolo litorale, inoltre, chi vuole può procedere verso sinistra sugli scogli che costeggiano la riva, per osservare dal basso il particolare profilo delle conformazioni calcaree.

Chi vuole visitare la cittadella, invece, dal Col St-Roch deve salire i gradini e attraversare la massiccia *Porta Genovese (Porte de Gênes)*, fino al XIX secolo unico accesso alla città alta. Nella piazza del mercato si trova il punto panoramico *La Manichella*, da cui inizia il labirinto dei vicoli medievali di Bonifacio. Le stradine strette intorno a *Place Ste-Marie-Majeure* sono davvero suggestive.

DA VEDERE

BASTION DE L'ÉTENDARD
L'imponente fortezza accanto alla *Porte de Gênes* ospita oggi un museo sulla storia della città. *Mag-giu e set-ott tutti i giorni 9-18, lug-agosto fino alle 20 | ingresso €2,50*

BOSCO
I panorami che si aprono da questo promontorio, con il monastero *St-François* e la scala che scende al *Gouvernail de la Corse*, sono una meraviglia. *Scala tutti i giorni lug-agosto 9-20, giu e set 10-18 | €2,50*

CIMETIÈRE MARIN
Le imponenti tombe del cimitero si trovano fuori città, sulla punta della penisola.

ESCALIER DU ROI D'ARAGON
Si dice che questa scala sia stata costruita nella roccia in una sola notte, nel 1420. I 187 gradini conducono a un sentiero sotto gli scogli. *In estate, solo con il bel tempo, tutti i giorni 9-18, lug-agosto fino alle 20 | €2,50*

CHIESE NELLA CITTÀ ALTA
St-Dominique è l'unico edificio religioso in stile gotico di tutta la Corsica (1243), con interessanti dipinti del XVI e XVIII secolo e un campanile ottagonale. La chiesa vicino al mercato, *Ste-Marie-Majeure*, venne edificata dai Pisani nel XII secolo e in seguito più volte ristrutturata; il suo campanile fu costruito nel Trecento.

MANGIARE E BERE

! RESTAURANT DU CENTRE NAUTIQUE
Elegante arredamento in stile marinaro e ottimo menu. I piatti migliori sono quelli a base di pesce e frutti di mare. Con vista sulla cittadella e sul porto. *Quai Nord | tel 04 95 73 50 44* | €€€

STELLA D'ORO (CHEZ JULES)
Ristorante in ottima posizione centrale, con specialità di terra e di mare. Prenotazione obbligatoria. *7 rue Doria | tel 04 95 73 03 63 | www.restaurant-stelladoro-bonifacio.com* | €€

SHOPPING

LA BOUTIQUE DU CORAILLEUR
Un posto unico in Corsica: il negozio di un pescatore di coralli autorizzato. Braccialetti, collane, orecchini: oggetti pregiati e consulenza competente. Anche magliette e dvd. *3 place Montepagano | 04 95 73 11 46 | www.corail-rouge.com*

LA MAISON DU LIÈGE
Scoprite l'ampia varietà di oggetti che si possono creare con il sughero. *97 quai Comparetti*

SPORT E TEMPO LIBERO

CORSICA KITEBOARDING
Divertimento assicurato con tavola da surf e parapendio, nelle baie di *Ventilegne* (146-147 C-D4) (E16), *Piantarella* (147 E4) (F17) e *Sant'Amanza* (147 E4) (F16). I luoghi cambiano in base alla direzione e all'intensità del vento, quindi conviene informarsi in anticipo per essere aggiornati sulle condizioni: *tel 06 75 01 50 04 | www.corsica-kiteboarding.com*

SPERONE GOLF CLUB
Campo da golf in splendida posizione sulla punta sudorientale dell'isola; 18 buche. *Sulla D58 verso est | tel 04 95 73 17 13 | www.golfdesperone.com*

DI SERA

B'52
Caffè, lounge, tapas e sushi bar. Bella atmosfera dalla prima colazione, servita a partire dalle 7 del mattino, fino all'ultimo bicchiere della serata, che si conclude verso le 2 di notte. In alta stagione dj set ogni sera, negli altri periodi dell'anno solo nel week end. *35 quai Comparetti | www.b52bonifacio.com*

LOW BUDG€T

A Bonifacio, il "Pass Culturel", anche chiamato "Pass Musées", permette di entrare in tre siti diversi: il *Bastion de l'Étendard*, l'*Escalier du Roi d'Aragon* e la chiesa *St-Dominique*. La tariffa prevista per ogni singolo monumento è di €2,50, quella cumulativa di €3,50. In vendita presso il Syndicat d'Initiative (vedi il paragrafo *Informazioni*).

Il *Parc Marin International des Bouches de Bonifacio* propone una "passeggiata sottomarina" *(balade sous-marine)* gratuita per sensibilizzare i visitatori alle tematiche ambientali, mettendo a disposizione l'attrezzatura necessaria per fare snorkeling. I principianti vengono seguiti con attenzione, soprattutto se fanno parte di piccoli gruppi. *È obbligatorio prenotare con qualche giorno di anticipo: tel 06 25 25 03 74 | durata 30-45 minuti | arrivo in barca da Bonifacio a proprie spese*

DOVE DORMIRE

DES ÉTRANGERS
Un hotel ben gestito, con il miglior rapporto qualità-prezzo della zona. *Apr-metà ott | 30 camere | Avenue Sylvère Bohn | tel 04 95 73 01 09 | www.hoteldesetrangers.fr* | €

SANTA TERESA
L'albergo si trova all'esterno della città alta, nei pressi del Cimetière Marin, il cimitero sul mare. 42 stanze, con diverse categorie di prezzo, molte con una favolosa vista mare. *Quartier St-François | tel 04 95 73 11 32 | www.hotel-santateresa.com* | €€-€€€

U CAPU BIANCU
L'albergo, arredato con gusto in stile rustico, dispone di piscina, un buon ristorante e un'ampia offerta benessere. *Fine apr-metà ott | 28 camere, 14 suite | Route Canetto, nel golfo di Santa Manza | tel 04 95 73 05 58 | www.ucapubiancu.com* | €€€

INFORMAZIONI

2 rue Fred Scamaroni, presso la fortezza | tel 04 95 73 11 88 | www.bonifacio.fr

NEI DINTORNI

ERMITAGE DE LA TRINITÉ
(147 D4) (*E16*)
Con il suo splendido panorama, era ritenuto un luogo sacro già nell'antichità. Il monastero paleocristiano venne usato in seguito dai francescani. I blocchi di granito, gli ulivi e i lecci sono lo sfondo ideale per un picnic. *7 km a ovest, un po' lontano dalla T40 (ex N196) in direzione di Sartène*

GITE ALLE GROTTE
(147 D4) (🕮 E16)
Le barche in partenza dal porto e dirette alle *grottes et falaises* (profonde grotte erose dall'acqua e dagli agenti atmosferici e imponenti scogliere) salpano a ogni ora del giorno. La *grotta di Sdragonato* è nota per la "finestra sul cielo" con la forma dell'isola. *Solo in caso di bel tempo | €17,50-€22,50 | tel 04 95 10 97 56 | www.spmbonifacio.com*

ISOLE DI LAVEZZI
(147 E5) (🕮 F17)
In alta stagione, dal porto salpano più volte al giorno le barche dirette alle belle e disabitate *Îles Lavezzi*. Portate con voi il pranzo al sacco e il necessario per fare il bagno. Le isole, la flora e la fauna, anche sottomarina, sono tutelate come parte della *Réserve Naturelle des Bouches de Bonifacio. www.rnbb.fr*
Chi vuole può approfittare di simpatiche proposte, come festeggiare il proprio compleanno in barca: colazione, aperitivo, **! bouillabaisse appena preparata,** vini freschi, sosta per un tuffo in acqua e le chiacchiere gioviali del comandante, il tutto per €60 a persona. Se siete un gruppo numeroso riceverete anche una bottiglia di champagne per il festeggiato. *Nel porto di Porto Vecchio | tel 04 95 70 33 67 | www.amour-des-iles.com*

L'Ermitage de la Trinité tra le rocce nella macchia

ROCHER DU LION/L'UOMO DI CAGNA
Da Bonifacio la T40 (ex N196) si spinge verso ovest. Dopo una ventina di chilometri, a nord della strada e sulla cresta della montagna (1217 m), si erge l'imponente masso granitico detto *L'Uomo di Cagna* (146 C3) (🕮 E16), visibile da lontano e pesante 300 tonnellate, usato già in passato dai marinai come punto di riferimento negli spostamenti via mare. Dopo altri 10 km, prima che la strada svolti verso nord, potete invece ammirare un leone di pietra, il *Rocher du Lion* sul ★ *Capu di Roccapina*

(146 B3) (🕮 *D16*), una baia bagnata da acque turchesi. Dalla spiaggia salite lungo il sentiero ombreggiato per raggiungere il "torace" dell'animale e proseguite fino alla torre genovese per godere della splendida vista che si apre tutt'intorno: a destra la spiaggia di *Erbaju*, sconsigliata a causa delle forti correnti, e a sinistra un promontorio raggiungibile tramite un sentiero.

PORTO VECCHIO

(147 E2) (🕮 *F15*) **La terza città più grande della Corsica (11.350 abitanti) sorge nel cuore di una regione dinamica.** Le fortificazioni vennero erette nel 1539. Il porto si trova in posizione riparata all'interno di una baia profonda, con alle spalle il piccolo centro storico e la *Place de la République*, ricca di alberi e bar animati fino a tarda notte, soprattutto in estate. Anche le viuzze su cui si affacciano negozi e ristoranti sono molto vivaci. La zona, però, è piuttosto cara. Il punto panoramico più bello della cittadina si trova presso la *Porte Génoise*, da cui si raggiunge il bacino portuale tramite un sentiero: un percorso ideale per ammirare il golfo orlato di pini e querce da sughero e le saline utilizzate ancora oggi per l'estrazione del sale.

Il faro artistico all'entrata del golfo di Porto Vecchio

SPIAGGE

(147 D-E5) (🕮 *E-F16*)

Al *faro di Pertusato*, lungo la strada costiera, potete raggiungere il mare passando su scogli piatti. Verso Sartène, invece, dopo circa 8 km si trova la sabbiosa *Plage de Tonnara*. La D60 conduce ai litorali di *Maora* e *Sant'Amanza* (6 km), due paradisi per gli amanti di windsurf. L'arenile più bello, però, è la *Plage de Piantarella*: prendete la D58 verso est, in corrispondenza dello scalo andate a destra verso il promontorio e da lì potrete ! nuotare fino a raggiungere l'isola di fronte.

MANGIARE E BERE

A CANTINA DI L'ORRIU
Un bistrot molto frequentato che propone diverse ricette corse. Vi è annesso un negozio che vende specialità gastronomiche. *Apr-ott tutti i giorni, lun-mar solo a cena | 5 cours Napoléon | tel 04 95 25 95 89 | www.orriu.com |* €€

LE TAMARICCIU
Piatti squisiti cucinati con ingredienti sempre freschi e accompagnati da vini pregiati, in una zona stupenda nella parte più bella della spiaggia di Palombaggia. Prenotazione obbligatoria. Solo à la carte. *15 apr-15 ott a pranzo, giu-agosto anche di sera | Plage de Palombaggia | tel 04 95 70 49 89 | www.tamaricciu.com |* €€-€€€

SHOPPING

DOMAINE DE TANELLA
(147 D3) *(E16)*
Imboccate la D859 e fate un giro a *Figari*. Assaggiate la Cuvée Alexandra dell'azienda vinicola *Domaine de Tanella*, un rosso eccellente prodotto sull'isola. Ci sono anche altre qualità di vino e prodotti regionali. *Negozio della cantina all'inizio del centro abitato | tel 04 95 70 46 23 | www.domaine-tanella.com*

DI SERA

DISCOTHÈQUE VIA NOTTE
Notti indimenticabili alla discoteca del sud est, con dj e concerti. *Dalle 23 fino al mattino | Route de Porra | direzione Punta Chiappa | www.vianotte.com*

LA TAVERNE DU ROI
Locale sofisticato e di buon gusto, con musica dal vivo, tradizionale e moderna. *Estate tutti i giorni a partire dalle 22.30, altrimenti solo sab-dom | 43 rue U Borgo | Porte Génoise*

DOVE DORMIRE

CALA ROSSA (147 F1) *(F14)*
Stile rustico ma lussuoso, vicino a uno dei litorali più belli del golfo di Porto Vecchio. Ottimo il menu da sette portate, meno convincente il prezzo: €120. Spiaggia privata. *55 camere | 10 km a nord est tramite la T10 (ex N198), la D568 e la D468 | tel 04 95 71 61 51 | www.hotel-calarossa.com |* €€€

FERME D'ALZETTA
(147 D2) *(E15)*
Campeggio situato nel podere di Martine e Daniel Hervet, in posizione idilliaca. L'edificio e il cortile sono aperti a tutti. Frutta e verdura biologiche coltivate sul posto; i polli circolano in libertà. *25 piazzole e una casetta di 30 mq | Vaccile del Monte | Muratello | tel 04 95 70 02 32 | www.fermedalzetta.com |* €

SAN PASQUALE (145 E6) *(F14)*
Una struttura rustica a conduzione familiare, a soli 15 minuti a piedi dalla spiaggia di Pinarellu; prezzo conveniente se si considera la regione. Ambiente rurale. *15 camere | Sainte Lucie de Porto Vecchio | Conca | tel 04 95 10 47 30 | www.hotelsanpasquale.com |* €€

INFORMAZIONI
Rue Géneral Leclerc | tel 04 95 70 09 58 | www.ot-portovecchio.com

NEI DINTORNI

SPIAGGE (147 E-F 1-3) *(F16-G14)*
Il tratto costiero compreso tra Pinarellu (20 km) e Punta di Rondinara (18 km) è costellato da spiagge sabbiose che si

estendono davanti alle pinete. Le baie profonde e i litorali con dune e pozze d'acqua sono perfette per le famiglie con bambini e per gli appassionati di surf. Le piccole isole antistanti sono ottime mete per le escursioni. La ● *Plage de Palombaggia* (10 km) è un magnifico arenile nella *Baie de Rondinara*, molto affollato in alta stagione ma tranquillo al mattino presto. Il ristorante più di tendenza è *Le Rouf (mag-inizio set | tel 04 95 71 50 48 | www.lerouf.com | €€€)*, sulla spiaggia di Pinarellu: è conosciuto per il pesce, i frutti di mare e i clienti famosi che lo frequentano. Di sera, musica dal vivo nel bar.

COSTRUZIONI DEI TORREANI

Lungo la strada D859 presso *Tappa* (147 E2) *(Ⓜ F15)* (complesso di edifici e case) e *Ceccia* (luogo di culto), che distano entrambe circa 5 km da Porto Vecchio, vi sono alcune testimonianze della cultura dei torreani, mentre 6 km più a nord, vicino alla T10 (ex N198), si trova il luogo di culto *Torre* (147 E1) *(Ⓜ F14)*. Sulla D759/D359, dopo 7 km si giunge al ✲ *Castellu d'Arraghju* (147 E1) *(Ⓜ F14)*, uno dei forti meglio conservati di tutta l'isola, circondato da una cinta muraria.

PROPRIANO

(146 B1) *(Ⓜ C-D14)* **Il golfo di Valinco, il più meridionale della costa ovest, è contornato da lunghe spiagge di sabbia.** Qui sorge Propriano, che con i suoi 3730 abitanti è il paese più grande della zona; fondato nel XIX secolo, è il porto da cui partono le barche dirette a Sartène ed è una delle località balneari più frequentate della Corsica, con magnifici litorali e buone sistemazioni alberghiere per turisti di tutti i tipi.

MANGIARE E BERE

LE CABANON

Pesce e frutti di mare appena pescati. Menu per bambini. *Pasqua-set | 26 avenue Napoléon III | tel 04 95 76 07 76 | €€*

TERRA COTTA

Una cucina creativa con ingredienti freschi e cura nella presentazione delle portate. Offerta conveniente per il pranzo; di sera menu oppure à la carte. *Apr-metà giu e metà set-ott chiuso dom a pranzo, metà giu-metà set tutti i giorni | 31 avenue Napoléon III | tel 04 95 74 23 80 | €€€*

SPORT E TEMPO LIBERO

Escursioni a cavallo, velismo, immersioni, bicicletta, gite in barca... A Propriano l'offerta outdoor è molto ricca e accontenta tutti.

DI SERA

KING'S

Questo club è aperto solo dal giovedì al sabato. La festa comincia alle 23.30 e finisce all'alba: un paradiso per i nottambuli. *6 rue Général de Gaulle*

DOVE DORMIRE

BARTACCIA

L'albergo sorge in posizione strategica vicino al centro e alla spiaggia. 27 camere con terrazza, di cui 19 con cucinino.
Anche piscina e ristorante. *Mag-ott | Route de la Corniche | tel 04 95 76 01 99 | www.bartaccia.com | €€€*

LE LIDO

Piccolo hotel molto confortevole, sul molo. Ristorante con bella terrazza; su prenotazione. *Mag-set | 11 camere | 42 avenue Napoléon III | tel 04 95 76 06 37 | www.le-lido.com | €€€*

INFORMAZIONI

Port de Plaisance | tel 04 95 76 01 49 | www.lacorsedesorigines.com

NEI DINTORNI

FILITOSA ★

(143 F5) (*C13*)

Per qualcuno si tratta semplicemente di pietre di scarso valore, grotte e resti di mura, per altri Filitosa (20 km) è un luogo quasi mistico: scoperto negli anni '40, è uno dei siti archeologici più importanti dell'isola. Accesso tramite la D57 *(vedi il capitolo Gite ed escursioni, → p108). Apr-ott tutti i giorni dalle 9 fino al tramonto | ingresso sito archeologico e museo €7, audioguida inclusa | www.filitosa.fr*

La stretta Plage de Palombaggia si presta anche a una bella passeggiata a cavallo in riva al mare

I romantici vicoletti del centro storico di Sartène

GOLFO DI VALINCO

(143 E-F6) (*B14*)

Le rive del golfo distano solo 7 km dai due promontori, *Punta de Campomoro* e *Punta de Porto Pollo*, e sono un luogo ideale per fare immersioni e snorkeling.

Anche le spiagge sono molto belle, prima tra tutte la *Baie de Cupabia* (143 E5-6) (*C14*). La meno affollata è il grande litorale di *Portigliolo* (146 B1) (*C14*). Il piccolo ma suggestivo arenile di *Belvedere-Campomoro* (146 A1) (*C14*), davanti al paesino, è perfetto per un bagno rinfrescante dopo una bella passeggiata sul sentiero lungo la riva di *Campomoro*: dal borgo attraversate a piedi il quartiere residenziale in direzione della *torre genovese (apr-sett lun-ven 10-16.30 | ingresso €3,50)*, con una piccola esposizione permanente al suo interno sul tema delle incursioni dei pirati e dei Saraceni; da qui si apre uno splendido panorama e più in basso, verso il promontorio in direzione sud, si arriva a una roccia granitica modellata dalle onde, una vera e propria scultura; infine, seguendo le indicazioni della strada costiera verso sud, si trovano ! tre diversi itinerari (1,5 / 3 / 7 ore), tutti segnalati.

SARTÈNE

(146 B-C 1-2) (*D14-15*) ★ **Adagiate su un ripido pendio, le case in granito del paese (3400 abitanti) dominano imponenti sulla fertile valle del Rizzanese.** Un tempo Sartène era divisa in due parti: *Santa Anna*, la città vecchia occupata dai Liguri, e *Borgo*, la città nuova popolata dai corsi a partire dal 1583, per secoli considerata il quartiere dei poveri.

Oggi il cuore del paese è l'ombreggiata *Place de la Libération*, situata all'incrocio tra le due aree, con i numerosi caffè e il mercato sempre molto animati, la bella chiesa *Ste-Marie* e il *Palazzo del Governatore*, sede del municipio. Da qui una galleria conduce direttamente al centro storico.

Le mura cittadine e la torretta ad angolo sono le uniche testimonianze rimaste relative alle origini di Sartène. Seguite le indicazioni per *Echauguette*.

DA VEDERE

VICOLI DELLA CITTÀ VECCHIA

Le alte facciate in granito delle case, i vicoli e le ripide scale che spesso portano al secondo piano delle abitazioni: nel labirinto di stradine, la severa atmosfera medievale di questo meraviglioso paesino è mitigata dai fiori e dai negozietti di prodotti locali, gioielli e souvenir.

MUSÉE DE PRÉHISTOIRE CORSE ET D'ARCHÉOLOGIE

Il complesso museale ideato da Roger Grosjean, con reperti di epoca arcaica, è stato rimodernato e ampliato con un nuovo edificio. Esposizioni temporanee sempre diverse. *Giu-set tutti i giorni 10-18, ott-mag lun-ven 10-17 | Boulevard Jacques Nicolai | ingresso €4*

STE-MARIE

A sinistra della porta principale della chiesa si trovano la croce e la catena (pesanti rispettivamente 31,5 kg e 14 kg) del *Catenacciu*, il penitente vestito di rosso che il Venerdì Santo sfila tra le vie del paese simulando il calvario di Cristo. Una delle tradizioni religiose più antiche dell'isola.

MANGIARE E BERE

A CANTINETTA

In una piccola e rustica enoteca potete degustare i vini dell'isola, con piatti di salumi e formaggi. *Marzo-ott | 29 rue Borgo | tel 04 95 77 08 75 | €*

SHOPPING

BERGERIE D'ACCIOLA

Prodotti tipici corsi e piccolo ristorante (€€) con giardino e terrazza. Specializzato nei formaggi. *Giu-set | sulla Route Sartène-Bonifacio, a circa 8 km da Sartène | tel 04 95 77 14 00*

DOMAINE PERO LONGO

(146 B-C2) *(D15)*

Ottimi vini, talvolta biologici. Possibilità di pernottare nell'azienda vinicola *(5 camere | 1 casa vacanze | €-€€). Route de Bonifacio | tel 04 95 77 07 11 | www.perolongo.com*

DOVE DORMIRE

HÔTEL DES ROCHES

Un grande albergo ai margini della città vecchia. La maggior parte delle camere offre una vista panoramica sulla valle del Rizzanese. Di qualità anche il ristorante annesso. *60 camere | Avenue Jean Jaurès | tel 04 95 77 07 61 | www.sartenehotel.fr | €€*

HÔTEL ROSSI – FIOR DI RIBBA

Un albergo accogliente in un giardino con piscina. Splendida vista su Sartène. *16 camere | Route de Propriano | tel 04 95 77 01 80 | www.hotelrossi-sartene.com | €€*

INFORMAZIONI

Cours Sœur Amélie | tel 04 95 77 15 40 | www.lacorsedesorigines.com

NEI DINTORNI

BAINS DE CALDANE (146 C1) *(D14)*

Sulla strada da Sartène a Ste-Lucie-de-Tallano, passando sulla D268 e la D548, si giunge al *torrente Fiumicicoli*. In una zona privata, una sorgente d'acqua calda (37°C) garantisce piacevoli momenti di relax. *Giu-set tutti i giorni 9.30-20, ott-mag orari d'apertura limitati | ingresso €5*

TIZZANO (146 B2) *(C15)*

La D48 scende fino alla costa sud attraversando i vigneti del *Domaine Mosconi* e poco prima di Tizzano raggiunge il mare. Il borgo ha un piccolo porto e belle baie di sabbia, sempre più solitarie man mano che ci si spinge verso ovest.

GITE ED ESCURSIONI

1 IL TOUR IDEALE

PARTENZA: 1 Bastia
ARRIVO: 1 Bastia

Percorso:
945 km

6 giorni
circa 23 ore alla guida

COSTI: €1500 per due persone, comprese le spese per benzina, pernottamento, pasti; noleggio auto da circa €150/settimana.
COSA PORTARE: scarpe da trekking, costume da bagno, crema solare.
ATTENZIONE: occorre prenotare in anticipo i pernottamenti e le cene al ristorante, soprattutto in alta stagione.

In sei giorni scoprirete tutti i volti di questa splendida isola del Mediterraneo dai paesaggi così diversi. Conoscerete la costa e l'entroterra, le montagne e il mare, e subirete il fascino delle città più vivaci dell'"Île de Beauté". Non a caso i greci antichi avevo dato alla Corsica il nome di *kallisté* ("la più bella").

In foto: il mulino Mattei in cima al Cap Corse

Ogni angolo di mondo ha una propria bellezza. Per scoprirne i segreti e i percorsi più interessanti o rifugiarvi in oasi tranquille, per scegliere il locale che fa per voi o vivere le esperienze tipiche del luogo, seguite senza indugio le nostre proposte

Partite il prima possibile da ❶ **Bastia** → **p36** e prendetevi tutta la giornata per visitare il **Cap Corse** → **p43**, il "dito della Corsica". Qui le torri genovesi di avvistamento si susseguono quasi senza interruzione lungo le insenature. All'inizio **la strada panoramica D31 procede verso Miomo** al di sopra della costa. Dopo Erbalunga entra in una zona disabitata e poi, dopo una serie di tornanti a picco sul mare, raggiunge **Macinaggio**, famoso per le sue spiagge e un grande porto turistico. Per iniziare la vacanza col piede giusto fermatevi al ❷ **Bellini** → **p44**, dove potete pranzare con

GIORNO 1
❶ Bastia
49 km
❷ Bellini

18,5 km

3 Centuri-Port

19,5 km

4 Col de Ste-Lucie

32,5 km

dell'ottimo pesce fresco. **Dopo Macinaggio la D80 curva verso l'interno**, continuando a regalare splendidi panorami lungo la costa settentrionale. Superato il **Col de Serra sarete sulla costa occidentale.** Vale la pena fare una sosta al **3 Centuri-Port** **→ p44**, il più bel porto dell'isola, punto di riferimento per molti pescatori di aragoste.

La costa occidentale è decisamente più selvaggia rispetto alla dolce costa orientale. **A Pino fate una deviazione verso il 4 Col de Ste-Lucie**, punto di partenza di un sentiero che sale alla Tour de Sénèque → p44. **Poi proseguite sulla D33 che corre parallela alla strada costiera.** A un certo punto potete ammirare, posto su uno spettacolare sperone, il medievale paesino di ❺ **Nonza → p44**. La sua **torre** genovese a base rettangolare offre una spettacolare vista a 360 gradi. Dopo aver percorso la strada tutta curve intorno al Cap Corse, **arrivate ora a Patrimonio, il paese del vino.** Accanto alle numerose cantine in loco, vale la pena visitare la tenuta ❻ **Orenga de Gaffory** *(tutti i giorni 9-19 | Morta Majo | tel 04 95 37 45 00 | www.orengadegaffory.com)*, a metà strada tra Patrimonio e ❼ **St-Florent → p47** (che ha un interessante centro storico). Dopo aver assaggiato i deliziosi piatti di pasta fresca di **U Trogliu → p48** e aver fatto una passeggiata in centro e lungo il porto turistico, passate la notte nell'albergo **La Florentine → p48**.

La mattina successiva **prendete la D81** e attraversate l'arido paesaggio del Désert des Agriates → p49, superato il quale incontrerete le dolci colline della feconda Balagne → p32, il cosiddetto "giardino della Corsica". Dopo una passeggiata nella gradevole località balneare ❽ **Île-Rousse → p45**, dove potete fare rifornimento di provviste, procedete con l'itinerario **lungo la strada panoramica D151 verso** ❾ **Pigna → p34**, il villaggio di artisti e artigiani, e ❿ **Sant'Antonino → p34**, che gode di una vista impareggiabile. In entrambi i paesi si consiglia di fare una passeggiata per perdersi nei loro vicoletti. A questo punto potete rinfrescarvi con un bicchiere di succo di limone presso la famiglia **Antonini → p35**, prima di arrivare, **passando per Cateri e Calenzana, a** ⓫ **Calvi → p40**, dove potete pernottare nell'hotel **Magnolia → p42**. L'imponente cittadella della città fortificata crea un interessante contrasto con le lunghe spiagge di sabbia bianca. Anche qui ci sono buoni ristoranti, innumerevoli locali e il vivace porto per una bella passeggiata serale. Dopo aver cenato al **Pain de Sucre → p40** direttamente sulla spiaggia, godetevi la straordinaria atmosfera del club **Chez Tao → p41** e la vista notturna della **cittadella** sulla baia.

Il giorno dopo percorrerete uno dei tratti di costa più desolati dell'isola. **Dopo aver superato il ponte sopra il fiume Fango → p43** fermatevi a fare un bagno nei pressi della sua ⓬ **foce**. **Proseguendo sulla D81 raggiungerete il golfo di Porto.** Il Col de la Croix, a 272 m, è il punto di partenza per un'escursione al villaggio dei pescatori di ⓭ **Girolata → p42**, patrimonio dell'Unesco e accessibile solo via mare o a piedi. **Continuando l'itinerario verso sud** incontrerete un altro sito tutelato dall'Unesco: ⓮ **Porto → p58** con le sue gelaterie e i graziosi ristoranti. Prenotate un tavolo e una camera pres-

11,5 km

⑮ Calanques de Piana

GIORNO 4

95 km

⑯ Café du Cours

45 km

⑰ Cascade du Voile de la Mariée

63,5 km

⑱ Ajaccio

12,5 km

so l'hotel **Belvedere → p58**. E non lasciatevi sfuggire gli affascinanti scogli rossi delle vicine **⑮ Calanques de Piana → p59** che potrete visitare nel pomeriggio.

Ora la D84 sale tortuosamente fino al Col de Vergio (1477 m). Davanti a voi si estende l'altopiano del Niolo. **L'unica strada percorribile passa attraverso la stretta gola della Scala di Santa Regina → p70**. Da lì a poco raggiungerete l'ex capoluogo della Corsica, **Corte → p64**, posto ideale per una pausa pranzo immersi nel fascino autentico della città. Il **⑯ Café du Cours → p65** si trova proprio nell'animato Cours Paoli. **Rimettetevi al volante e percorrete la T20 (ex N193) fino a Bocognano. Là abbandonate la strada principale per prendere la stretta D27 fino al ponte sopra il ruscello Trotto,** il punto di partenza per un'escursione alla magnifica **⑰ Cascade du Voile de la Mariée → p63**, la cascata più alta della Corsica. **Superato il paese di Bastelica, passate attraverso la gola Prunelli lungo il lago artificiale. Nei pressi di Cauro prendete la T40 (ex N196) che vi porterà** fino ad **⑱ Ajaccio → p50**, l'attuale capoluogo della regione. Pernottate nell'albergo **Dolce Vita → p54**, un po' fuori dal centro ma già sulla strada diretta alle Îles Sanguinaires, così potrete fare una

puntata alla ⑲ **Pointe de la Parata**, dal cui promontorio domina una graziosa torre genovese. Per la sera avrete solo l'imbarazzo della scelta: nel centro storico di Ajaccio ci sono molti locali e un'ampia scelta di ristoranti. Prenotate però un tavolo da **Le 20123** → p52 e provate i suoi ottimi piatti tradizionali.

Dopo aver fatto un giro di prima mattina nel mercato di Ajaccio, risalite in macchina e prendete la **T40 (ex N196), piena di curve ma in buone condizioni, facendo un lungo tratto di strada verso sud, fino a** ⑳ **Sartène** → p96, la città più "corsa" dell'isola. Capirete perché facendo un giro in centro. All'estremità meridionale della Corsica, da cui si vede la Sardegna, trovate ㉑ **Bonifacio** → p88, costruita su una scogliera calcarea a picco sul mare alta 60 metri, forse la "più bella città francese", sicuramente la più fotografata della Corsica. Spettacolare è anche la strada che in un quarto d'ora vi porta al ㉒ **Faro di Pertusato** → p92 con vista sulla Sardegna (se preferite arrivarci a piedi contate circa un'ora di cammino). Dopodiché pranzate nell'elegante ristorante del **Centre Nautique** → p89, rilassatevi e osservate dalla terrazza il vivace andirivieni dei frequentatori del porto.

⑲ Pointe de la Parata

GIORNO 5

112 km

⑳ Sartène

51 km

㉑ Bonifacio

4,5 km

㉒ Faro di Pertusato

32 km

L'inespugnabile fortezza si erge sopra il porto di Bonifacio

㉓ Plage de Palombaggia

11 km

㉔ Porto Vecchio

10 km

㉕ Cala Rossa

GIORNO 6

68,5 km

㉖ Scavi romani

4,5 km

㉗ Étang de Diane

29,5 km

㉘ Moriani-Plage

41 km

❶ Bastia

Ora riprendete **la T10 (ex N198) che procede quasi in linea retta verso nord** e vi porta vicino alle spiaggie più belle della Corsica, una fra tutte la **㉓ Plage de Palombaggia → p94**. Dopo una lunga nuotata e un cocktail nel mondano ristorante sulla spiaggia **Tamaricciu → p93**, fate una passeggiata a **㉔ Porto Vecchio → p92**, la "Saint-Tropez" della Corsica. Qui potete fare un po' di shopping e chiudere in bellezza la giornata in un grazioso locale: la **Cantina di l'Orriu → p93** con i suoi vini e le sue specialità corse soddisfa anche i palati più esigenti. Di notte godetevi la pace nell'hotel **㉕ Cala Rossa → p93 a nord della città**.

L'ultimo giorno tornate **indietro verso Bastia.** La statale è in buone condizioni, ci arriverete in appena tre ore di guida. Anche l'aeroporto è facile da raggiungere. Nonostante abbiate tutto il giorno a disposizione, svegliatevi presto, così avrete tutto il tempo per una visita agli **㉖ scavi romani → p74** nei pressi di Aléria, un pranzo a base di ostriche e pesce fresco all'**㉗ Étang de Diane → p75** e una sosta pomeridiana in una delle lunghe spiagge della costa orientale, ad esempio la **㉘ Moriani-Plage → p80**, dove fare un ultimo bagno. Se la prima sera non avete visitato **❶ Bastia → p36**, ora è il momento di rimediare e magari potete anche passare un giorno in più in spiaggia o dedicarlo a un'ultima escursione. Per chiudere in bellezza la vostra settimana in Corsica potete cenare da **Chez Vincent → p38**, che offre ottimi piatti della tradizione corsa e una fantastica vista sul vecchio porto.

2 UN GIRO TRA MARE E MONTI

PARTENZA: ❶ Solenzara
ARRIVO: ❾ Porto Vecchio

Percorso:
➡ 135 km, di cui 14 a piedi

1 giorno
2,5 ore alla guida

COSTI: ingressi €10, pasti €80 (tutto a persona).
COSA PORTARE: scarpe da trekking, costume da bagno, crema solare, occhiali da sole, provviste e bevande.

ATTENZIONE: per una cena al ristorante ❺ **A Pignata** (menu fisso) bisogna prenotare. Consigliabile una carta topografica dei sentieri della zona.

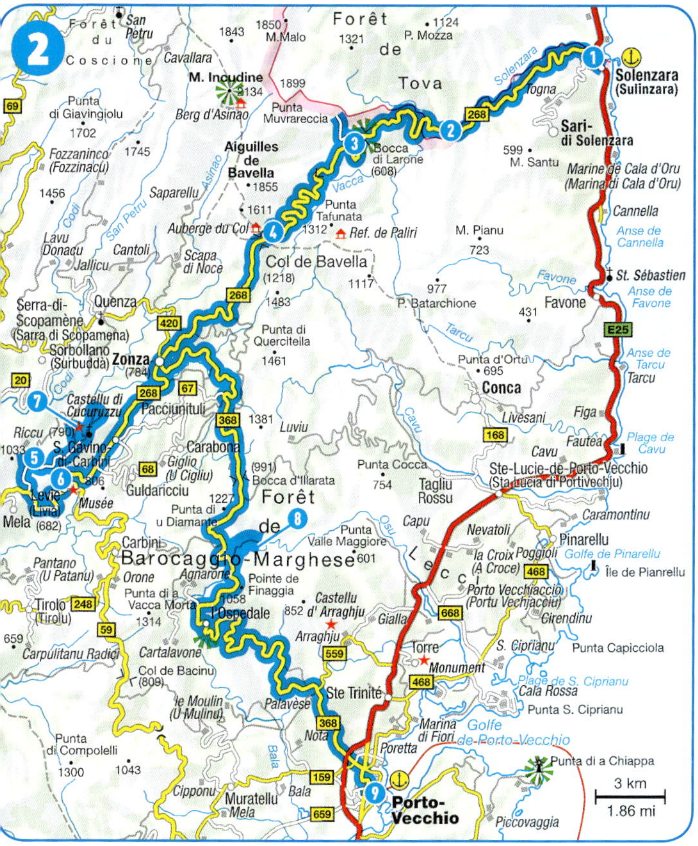

Durante questa gita di un giorno conoscerete le meraviglie del paesaggio corso, incluse le brevi escursioni e le pause per un bagno rinfrescante. Inoltre farete un tuffo nel passato dell'isola e vivrete indimenticabili esperienze gastronomiche. L'agevole percorso verso la montagna, da Solenzara fino al passo di Bavella, a 1218 m di altitudine, è uno dei più incantevoli della regione.

09:00 Partite da ① **Solenzara** **→ p82** e **al fondo del paese, prima del ponte sul fiume, prendete la D268,** che inizialmente attraversa la macchia e poi paesaggi con alberi più alti. **Dopo circa 10 km** si giunge al fiume Solenzara, che presenta varie ② **zone balneabili** **→ p83**, dove potete fare una prima pausa, per scalare qualche roccia o per tuffarvi nelle sue ! acque limpide. **Poi riprendete la stra-**

① Solenzara

10,5 km

② Zone balneabili

7 km

A sinistra si va al "buco della bomba"...

da a curve, con panorami sempre nuovi che vi si aprono davanti. Superato il passo, alla ❸ **Bocca di Larone**, **dopo il primo tornante sulla destra inizia un sentiero** che porta alle splendide **cascate** (2,5 km, 45 minuti andata e ritorno). Il sentiero non è segnalato, ma è ben battuto. Man mano che si procede, il panorama diventa sempre più bello, fino a quando si può ammirare la catena montuosa nella sua interezza.

Poi la strada entra in un bosco di conifere, la **Forêt de Bavella**, dove fioriscono ciclamini, anemoni e aquilegie e crescono boschi di pini larici, alcuni dei quali quasi millenari. Cercate un posticino tranquillo sul grande prato e assaporate l'atmosfera del valico; con un po' di fortuna potrete scorgere uno di quei mufloni schivi della razza corsa, di cui sopravvivono solo un paio di centinaia di esemplari. In cima al ❹ **Col de Bavella → p85**, a quota 1218 m, c'è anche una fontana e un chioschetto dove far rifornimento di acqua e provviste. A questo punto raggiungete la statua della Madonna **Notre-Dame des Neiges** che il 5 agosto diventa una meta di pellegrinaggio molto frequentata. Dal parcheggio un sentiero ben segnalato, a sud del passo, conduce al **U Cumpuleddu**, il "buco della bomba", un enorme foro nella roccia di 8 m di diametro da cui potete affacciarvi, se avete voglia di arrampicarvi un po'.

12:00 Superato il passo prendete la **D268** per arrivare rapidamente ai graziosi paesini di **Levie → p85** e **Zonza → p87**. Qui potete fare una sosta per godervi l'atmosfera paradisiaca e rurale della zona e provare l'autentica cucina corsa da ❺ **A Pignata → p87**. Inoltre a Levie potete fermarvi al ❻ **Musée départemental → p85** e visitare il sito archeologico Cucuruzzu, insediamento preistorico risalente all'età del Bronzo, e contemplare lo scheletro della "Dama di Bonifacio", risalente al 6570 a.C. Per arrivare al sito di Cucuruzzu, superato Levie, **dovete svoltare a destra e fare una curva della lunghezza di circa 3,5 km; proseguire poi per altri 3,5 km fino a quando non arrivate a un parcheggio.** Con un'**escursione circolare** di un'ora e mezza, attraverso una foresta magica coperta di muschio con lecci, pini larici e castagni, potrete visitare entrambi gli

❸ Bocca di Larone
16,5 km
❹ Col de Bavella
23,5 km
❺ A Pignata
5,5 km
❻ Musée départemental
9,5 km

insediamenti di 7 **Cucuruzzu e Capula** → p86. Quest'ultimo venne poi trasformato in un castello, che fu abitato fino al Medioevo, mentre oggi resta solo un menhir in rovina. Da entrambi i siti si gode di un bel panorama sul massiccio di Bavella.

17:00 Ora tornate indietro verso Zonza; da qui **la D368, in direzione sud,** passa di nuovo attraverso boschi magnifici. Chi vuole può fare una piacevole passeggiata alla cascata 8 **Piscia de Gallo**, partendo dal chiosco che si trova **circa 1 km prima della diga di sbarramento Barrage de L'Ospedale. Il sentiero devia a sinistra e scende nella foresta** fino a raggiungere la cascata, alta circa 80 m (6 km, un'ora e mezza andata e ritorno). Da qui riprendete **la D358 verso** 9 **Porto Vecchio**, una delle più amate località di villeggiatura dell'isola, dove potete gustare le specialità corse nel bistrot **A Cantina di L'Orriu** → p93, naturalmente dopo aver fatto un giro per la città e per il porto.

7 Cucuruzzu e Capula

39 km

8 Piscia de Gallo

25 km

9 Porto Vecchio

... e qui si guarda attraverso lo spettacolare buco

3 PREISTORIA, AZIENDE VINICOLE E SPIAGGE

PARTENZA: 1 Propriano
ARRIVO: 6 Porto Pollo

Percorso:
50 km

1 giorno
1 ora alla guida

COSTI: ingressi €7, pasti €70 (tutto a persona).
COSA PORTARE: costume da bagno, attrezzatura per immersione.

ATTENZIONE: è meglio prenotare per un tavolo a **L'Escale**.
Entrambe le aziende vinicole consigliate sono chiuse a pranzo.
Ritorno a Propriano = 20 km

Il fiume Taravo nasce dalle montagne al di sotto del Col de Verde e ingrossandosi rapidamente si getta da nord nel golfo di Valinco. La gita di un giorno porta alla parte bassa del fiume ed è piacevole sotto tutti i punti di vista.

1 Propriano
20 km
2 Filitosa
8 km
3 Sollacaro
7 km
4 Domaine Comte Abbatucci
6,5 km

09:00 L'itinerario proposto parte da **1 Propriano** **→ p94**, vivace luogo di villeggiatura sulla costa. Da qui prendete **la T40 (ex N196) verso nord e in corrispondenza della baia svoltate sulla D157. Nel punto in cui questa si allontana dalla costa imboccate la D57 in direzione di** **2 Filitosa** **→ p95**. Per visitare l'**insediamento preistorico** con le statue mehhir calcolate circa una o due ore di tempo. Nel più importante sito archeologico preistorico della Corsica si possono ammirare i resti della misteriosa civiltà megalitica datata tra il 2600 e il 1000 a.C. Vicino all'ingresso ci sono alcune bancarelle di artigiani e produttori regionali che vendono ceramiche, miele, confetture, formaggi, vino e castagne di qualità. **Poi, dopo una serie di strette curve, si sale verso** **3 Sollacaro**, l'ex capoluogo che si erge imponente sulla bassa valle del Taravo dove la famiglia d'Istria governava sul Sartenais. Le **rovine della fortezza** si trovano al di sopra del paese. Dopo una passeggiata **tornate indietro fino al bivio della D57 e prendete la D302 fino a Calzola.**

13:00 Poco prima del ponte antico fermatevi all'azienda vinicola biologica **4 Domaine Comte Abbatucci** *(Lieu-dit Chiesale | Pont de Calzola | Casalabriva | www.domaine-abbatucci.com)*. Qui vengono prodotti ottimi vini locali e alcune speciali cuvée dai vitigni Vermentino, Sciacarello e Nielluccio, che trovate nel piccolo **Restaurant Le Frère** *(apr-sett | tel 04 95 24 36 30 | www.restaurantlefrere.com | €€)*, gestito da un fratello dei due viticoltori **(superato l'Auberge U Mulinu girate a destra)**. Qui potete gustare le specialità corse a base di agnello e l'antica razza bovina *Vache Tigre*, seduti su una terrazza all'ombra, nel bel mezzo della macchia mediterranea. Dopo aver mangiato proseguite **sulla D757 in direzione di Porto Pollo.** Dopo un po' si incontra sulla sinistra l'enoteca poco appariscente del ❺ **! Domaine de Pratavone** *(tel 04 95 24 34 11 | www.domainedepratavone.com)*, che produce vini pluripremiati acquistabili anche sul posto.

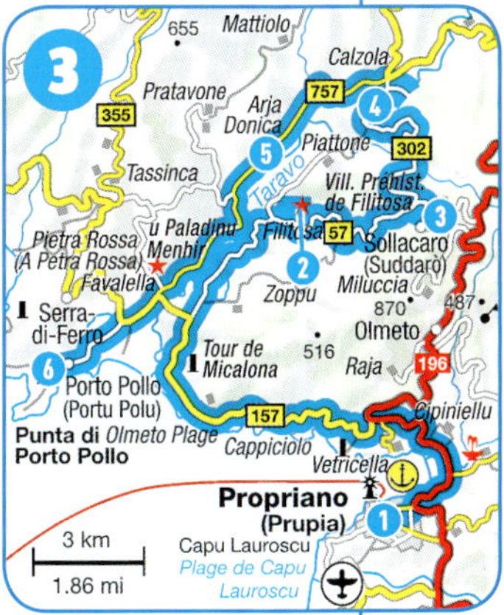

❺ Domaine de Pratavone

9,5 km

❻ Porto Pollo

16:00 A questo punto, dopo molte curve, arriverete finalmente al mare: **la D757 termina nella cittadina di ❻ Porto Pollo** sul golfo di Valinco. Oltre alla meritevole spiaggia, l'insenatura offre la possibilità di fare delle **! belle immersioni,** anche solo con maschera e boccaglio, alla scoperta del meraviglioso mondo sottomarino. Per chiudere in bellezza la giornata, potete cenare a **L'Escale** *(apr-ott tutti i giorni | tel 04 95 73 50 98 | lescale-corse.fr | €€)*, un idilliaco ristorante sul mare, da cui godervi il tramonto mangiando ottimi piatti a base di pesce.

Filitosa: i menhir della civiltà megalitica

4 TRA FORESTE E CULTURA: LA CASTAGNICCIA

PARTENZA: ① Casamozza
ARRIVO: ⑩ Moriani-Plage

Percorso:
150 km

1 giorno
2,5 ore alla guida

COSTI: ingresso nei musei €2 a persona.
COSA PORTARE: giacca a vento, protezione solare, costume da bagno.

ATTENZIONE: è meglio prenotare per un tavolo a L'Ampugnani. Consigliabile una carta topografica dei sentieri della zona.

L'itinerario attraverso la Castagniccia con i suoi boschi di castagni offre fantastici scorci paesaggistici e interessanti visite culturali strettamente legate alla storia della Corsica. Seguite le tracce del padre della patria Pasquale Paoli, che per i corsi è addirittura più importante di Napoleone Bonaparte. Tenete però presente che la strada di questo itinerario ricco di prospettive è tutta curve!

① Casamozza

33,5 km

② Ponte Novu

13 km

③ Lana Corsa

20,5 km

08:00 Partite il prima possibile da ① **Casamozza**, sulla costa orientale, circa 20 km a sud di Bastia. **Sulla T20 (ex N193) seguite all'inizio il corso del fiume Golo verso ovest, poi una volta giunti a Barchetta svoltate a destra sulla D15 e passate per Campitello e Bigorno.** La strada panoramica supera i 450 m di altezza e ogni tornante si apre su magnifiche vedute che abbracciano la valle del Golo e le cime delle montagne più alte. **Nei pressi di Lento abbandonate la D14 e tornate di nuovo sulla T20 (ex N193).** Poco dopo a ② **Ponte Novu** sul fiume Golo vedrete un **ponte ad arco in pietra** ormai in rovina. Qui l'8 maggio 1769 Pasquale Paoli, il più grande combattente corso per la libertà, e le sue truppe persero la battaglia decisiva contro i francesi e quindi l'indipendenza dell'isola, che era durata 14 anni. Da allora la Corsica è una regione della Francia. A ricordare l'evento c'è un monumento ai caduti.

Sulla strada principale di **Ponte Leccia** potete fare una sosta da ③ **Lana Corsa** → p79 e comprare qualche articolo di maglieria filato con la meravigliosa lana corsa, **per poi girare a sinistra e poco prima del grande ponte sul fiume Golo imboccare la D71.** La strada raggiunge i 750 m di altitudine attraversando uliveti e boschi di querce da su-

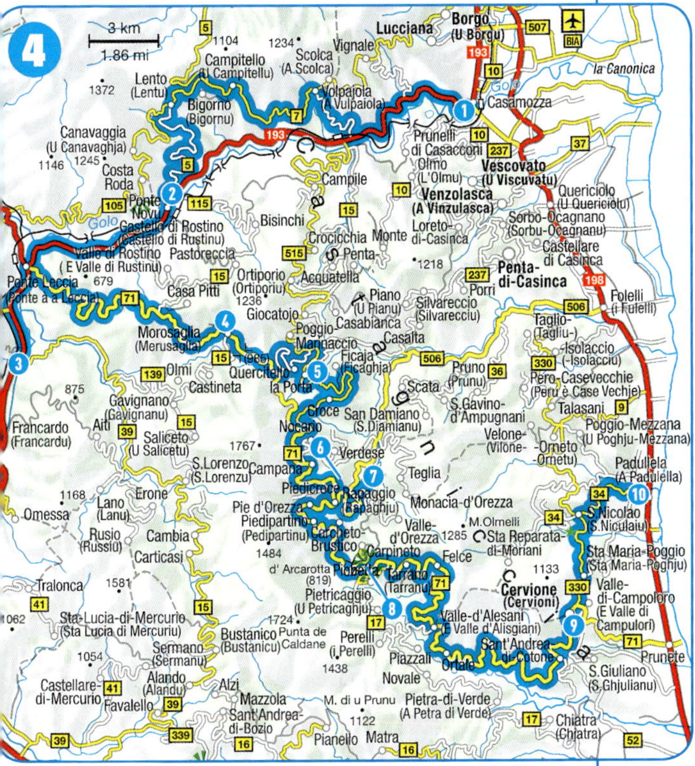

ghero. Arrivate quindi nel paesino di montagna **Morosaglia → p77**, luogo di nascita di Pasquale Paoli, dove ovviamente dovrete visitare il **❹ Musée Pasquale Paoli → p78** che si trova nella sua casa natale all'estremità orientale del paese.

12:00 Oltre il centro abitato si estendono i magnifici paesaggi della Castagniccia. **La strada sale fino al Col de Prato** (985 m), da cui potete ammirare la costa orientale. I tetti di alcuni piccoli villaggi illuminati dal sole occhieggiano tra gli alberi come isole in mezzo al mare. **Superato il valico, dopo circa 5 km, la strada si biforca. Se girate a sinistra vale la pena fermarsi a ❺ La Porta → p78**, per visitare la sua chiesa barocca e l'annesso **campanile**, il più bello dell'isola, ma anche per provare la straordinaria cucina regionale del ristorante **L'Ampugnani** *(tutti i giorni 11-13 e*

❹ Musée Pasquale Paoli

10,5 km

❺ La Porta

14 km

6 Couvent d'Orezza

5 km

7 Fonte

12,5 km

8 Auberge des Deux Vallées

26 km

18-22, in inverno a cena solo ven-sab | sulla piazza principale | tel 04 95 39 22 00 | ampugnani.com | €€). **Il percorso principale prosegue poi in direzione di Piedicroce.** Dopo una curva potete ammirare le rovine del **6 Couvent d'Orezza** **→ p78**, diroccate e coperte di vegetazione. L'ex convento francescano è stato in passato il centro del movimento di indipendenza corsa. Fate una sosta per provare la famosa acqua minerale che, imbottigliata, è disponibile in tutta l'isola, ma che qui potete sorseggiare direttamente alla **7 fonte** **→ p78**, in quella che un tempo era la località termale Eaux d'Orezza, raggiungibile con una piccola **deviazione a sinistra sulla D506/D46.**

15:00 **Proseguite verso sud sulla D71.** Superato il Col d'Arcarotta → p77 ammirate la vasta valle d'Alesani con il suo grande lago artificiale che serve da serbatoio d'irrigazione della Costa Verde. Al vostro appetito in alta quota ci pensa l'economico **8 Auberge des Deux Vallées** **→ p78**, dove potete pranzare fino a tardi con un piatto di salumi. Per chi desidera tornare in questi posti: nelle domeniche di luglio e agosto, dalle 10 alle 14, ha luogo un ! mercato delle specialità locali. Poi, **di nuovo al volante**

Autunno alla Castagniccia

sulla strada verso nord, arrivate a **9 Cervione → p76**, pittoresco paesino su un pendio circondato da vigneti, castagneti e uliveti. L'ex sede vescovile, traboccante di caffè e ristoranti, invita a una sosta con vista sul mare.

Superato il paese lasciate la strada principale e svoltate a sinistra sulla D330 in direzione di Santa Maria Poggio. Qui comincia la **Corniche de Castagniccia**, una delle più belle strade panoramiche dell'isola. Sui pendii che costeggerete crescono gli arbusti della macchia, ginestre e castagni: ovunque si apriranno vedute meravigliose sulla fertile pianura della Costa Verde. **Passando per San Nicolao proseguite in direzione di Santa Lucia di Moriani**, in un tratto ricco di vegetazione rigogliosa e piccole cascate. La strada fiancheggia l'erto pendio e offre nuovamente splendidi punti panoramici sulla costa. **La D34 vi porta poi verso la località costiera di 10 Moriani-Plage → p80** con le sue spiagge di sabbia. Dopo un bagno rinfrescante rilassatevi al **Lido** *(mag-set tutti i giorni | sul mare)* con un cocktail in mano, e mentre ripensate alle avventure della giornata guardando il mare prometterete a voi stessi che in Corsica ci dovrete sicuramente ritornare!

SPORT E BENESSERE

La Corsica è la meta ideale per vivere una vacanza attiva all'aria aperta. Un migliaio di chilometri di costa, mare limpido, fiumi dall'acqua cristallina, sentieri per le escursioni, rocce e pareti per arrampicare, più di 120 cime che superano i 2000 m di altitudine, stradine strette, poco battute e con molte curve che attraversano monti e valli, ideali per i ciclisti più allenati: l'isola permette di praticare qualsiasi tipo di attività outdoor.

Scuole, noleggi e organizzatori sono presenti un po' ovunque nella regione e garantiscono ottime soluzioni anche per chi ama una maggiore comodità, proponendo gite in montagna con l'autobus e tour in barca, lungo coste selvagge o verso isole tutelate in quanto riserve naturali. Per avere maggiori informazioni sugli sport acquatici e sulle attività da compiere in mezzo alla natura potete trovare i dépliant presso gli Offices de Tourisme.

ARRAMPICATA

Le escursioni in montagna hanno diversi gradi di difficoltà. Per affrontare le cime più alte conviene partire al mattino presto, per godersi la vista dall'alto prima che si formino nuvole e foschia. I punti per arrampicare *(site d'escalade)* sono numerosi. Oltre alle informazioni su *www.visit-corsica.com*, gli amanti della montagna e del climbing troveranno buoni consigli su *escalade.corse.topo.free.fr* e *www.haute-montagne-corse.fr*

In foto: le cascate di Purcaraccia

Un vero paradiso per gli amanti dell'outdoor: l'ampia offerta dell'isola garantisce divertenti giornate all'insegna del benessere fisico

BICICLETTA

I periodi migliori per andare in bicicletta e in mountain bike sono la primavera e l'autunno, quando il sole è meno caldo e le strade poco trafficate. Le gite attraverso il variegato paesaggio montuoso, gli splendidi panorami e il profumo della macchia in fiore fanno della Corsica un luogo ideale per gli appassionati di ciclismo. Vi sono punti di noleggio di biciclette, mountain bike e biciclette elettriche nelle principali località dell'isola.

CANYONING

Casco, muta e imbragatura sono l'attrezzatura per principianti ed esperti: tuffatevi in acqua e seguite il corso dei torrenti attenendovi alle indicazioni fornite da guide professioniste. Un'esperienza divertente per gli spiriti più coraggiosi. Offerte presso gli enti che organizzano le attività sportive outdoor dell'isola. Potete trovare utili informazioni sui siti *www.visit-corsica.com* e *www.altipiani-corse.com*

EQUITAZIONE

Più di 1000 km di antiche strade, spesso ex mulattiere rimesse a nuovo, perfette per le gite a cavallo. Chi volesse avere un elenco completo con gli indirizzi dei principali *centres équestres* della regione deve rivolgersi al *Comité Régional d'Equitation Corse (Maison de l'Agriculture | 19 avenue Noël Franchini | B. P. 913 | Ajaccio | Cedex 9 | tel 04 95 22 28 35)*. Troverete altre informazioni utili anche sul portale *www.chevalencorse.com*

La riserva naturale di Scandola

ESCURSIONISMO

Vi sono splendidi sentieri anche per gli escursionisti meno allenati, come i cammini circolari o gli itinerari di più giorni da una costa all'altra ("Da Mare a Mare") o sulle montagne centrali ("Tra Mare e Monti"). Il GR20, il celebre percorso in alta quota, è adatto solo per chi è allenato. Potete acquistare le cartine IGN TOP 25, molto dettagliate, in libreria, nei negozi di souvenir e nei supermercati. Una curiosità: chi vuole può anche ! farsi portare i bagagli da un asino. Per una mezza giornata i costi si aggirano intorno ai €30. Informazioni su *www.randonnee-ane-corse.com*

GITE IN BARCA

Recatevi al porto di una località balneare e scegliete una tra le tante offerte proposte: un'escursione di un giorno in Sardegna dalla punta meridionale della Corsica, una visita alla riserva naturale delle isole di Lavezzi o alla penisola di Scandola o un breve giro, ad esempio, alle meravigliose spiagge del Désert des Agriates *(→ p49)*. Non avete che l'imbarazzo della scelta.

KAYAK E CANOA

Potete fare escursioni sia in mare che sui fiumi. Per esplorare le coste il momento ideale è l'estate. Le più belle sono quella meridionale e ! quella nordoccidentale del Cap Corse, con le sue grotte nascoste. Invece, il periodo migliore per praticare questi sport lungo fiume è la primavera, in particolare nei mesi di aprile e maggio. Il Taravo, il Rizzanese, l'Asco, il Golo, il Tavignano, il Vecchio e il Liamone sono mete molto apprezzate dagli appassionati di kayak e canoa. Ricordate però che è sempre meglio andare in gruppo perché i forti venti possono diventare pericolosi. Informazioni: *Comité Régional Corse de Kayak: Corri Bianchi | Eccica Suarella | tel 04 95 25 91 19.* L'offerta di *Agriates Kayak (St-Florent | tel 04 95 37 22 20 e 06 15 77 81 13 | www.corsekayak.com)* comprende gite organizzate, lezioni pratiche, noleggio e molto altro.

PESCA

Lungo la costa è consentito pescare da riva, fatta eccezione per le zone naturali protette; per i fiumi bisogna richiedere un apposito certificato nei negozi autorizzati della zona.

SNORKELING E IMMERSIONI

Banchi di pesci, relitti di navi, scogli e grotte sottomarine: la costa occidentale e quella meridionale hanno molto da offrire agli amanti degli sport subacquei. In quasi tutte le località costiere ci sono scuole di immersione che propongono diversi tipi di corsi a seconda del livello dei clienti. Informatevi chiedendo della *plongée* (immersione). Non dimenticate di portare con voi un certificato medico che accerti le vostre condizioni di salute. Informazioni presso *F.F.E.S.S.M. Comité Régional Corse (Castellacio | Monticello | tel 04 95 60 39 39 | www.plongee-corse.org).*

SURF E VELA

In quasi tutte le località costiere vi sono agenzie che propongono corsi e noleggiano tavole e barche. Il golfo di Valinco, il golfo di Sagone e le baie tra Porto Vecchio e Tizzano, a sud, sono molto conosciute dagli appassionati di surf. La parte orientale è più adatta ai principianti, mentre i più esperti si ritrovano sulla costa ovest del Cap Corse e nei golfi di Figari e Sant'Amanza. Chi vuole fare un giro più serio in barca a vela deve avere una buona esperienza oppure essere in viaggio con uno skipper. Per gli sport nautici in generale, e in particolare per

Camminare in Corsica è un vero piacere

surf e vela, potete visitare il sito internet *www.voilecorse.com*

WELLNESS

Solo gli hotel a 4 e 5 stelle e i grandi villaggi turistici offrono ai loro clienti pacchetti benessere con massaggi, hammam e sauna. Particolarmente esclusivo è l'hotel *Liberata (22 stanze | La Marinella | Île-Rousse | tel 04 95 62 03 62 | www.hotel-ilerousse.fr | €€€)*. Nella categoria intermedia, alberghi con una buona offerta wellness sono *Cala Rossa* a Porto Vecchio *(→ p93)* e *La Solenzara* a Solenzara *(→ p83)*. Inoltre potete provare la talassoterapia, basata sull'azione curativa dell'acqua di mare, da *U Capu Biancu (→ p90)* o da *Sofitel Golfe d'Ajaccio (98 stanze | Domaine de la Pointe | Porticcio | tel 04 95 29 40 40 | www.sofitel.com | €€€).*

IN GIRO CON I BAMBINI

In Corsica gli adulti che viaggiano con figli al seguito non hanno di che preoccuparsi poiché il divertimento è garantito in qualsiasi zona dell'isola.

Le vostre vacanze saranno allietate dalle piccole gioie quotidiane: fare il bagno in mare o nelle basse pozze dei fiumi, arrampicarsi sulle rocce che emergono dai corsi d'acqua dell'entroterra, osservare le lucertole che scorazzano tra i sassi, le farfalle tra i cespugli e le tartarughe intorno alla laguna, guardare le barche del porto seduti con le gambe a penzoloni su un molo, con i pesci che vi nuotano tra i piedi.

I più grandicelli possono anche partecipare a gite in montagna, andare in bicicletta, solcare le onde del mare in kayak o in canoa, fare snorkeling, immersioni e addirittura prendere parte a un tour in barca a vela. Oppure semplicemente godersi la vita da spiaggia, distesi al sole, in acqua o impegnati in una partita di beach volley con bambini di altre nazionalità.

Se i vostri figli non vanno ancora a scuola, i periodi migliori per visitare la Corsica sono giugno e settembre, mesi in cui il clima è mite, la temperatura dell'acqua piacevole per fare il bagno e l'afflusso turistico moderato, non come in alta stagione. L'unico neo è la mancanza di ampi marciapiedi per i passeggini e l'assenza di aree pedonali.

Se avete intenzione di spingervi all'interno non dimenticate lo zainetto per portare i vostri bambini in montagna e tenete presente che i sentieri sono spesso stretti e sconnessi.

In foto: la spiaggia di San Ciprianu, a Porto Vecchio

Un'isola perfetta per le famiglie in vacanza: sole, sabbia, mare e un'ampia offerta di attività per i più piccoli

Altri utili accorgimenti: usare creme solari ad alta protezione, mettere sempre il cappello, giocare all'ombra e rinfrescarsi spesso in acqua.

IL NORD

! ESCURSIONE CON L'ASINO LA PROMENÂNE

(141 D4) (*D8-9*)

Potete passeggiare sugli antichi sentieri, sui lunghi tracciati del "Da Mare a Mare" o del famoso GR20 nell'area dell'altopiano del Niolo, nel centro dell'isola. Se scegliete di trasportare i bagagli sul dorso di un asino, i vostri bambini vivranno l'escursione come una vera e propria avventura. Le proposte vanno dai tour di mezza giornata agli itinerari di più giorni, fino a un massimo di cinque. *Promenâne Albertacce | all'uscita del paese, 300 m in direzione Col de Vergio, a destra della strada | asino e attrezzatura €35-€300 | giu-set | tel 06 15 29 45 64 | www.randonnee-ane-corse.com*

STAND UP PADDLE

Il nuovo sport del momento! La scuola di surf e stand up paddle di Cap Corse ha due sedi: sulla spiaggia di Grigione (139 F4) (*🗺 G5*) vicino a Bastia e sulla spiaggia di Farinole (139 E4) (*🗺 F5*) sulla costa occidentale. *Affitto attrezzatura circa €10 all'ora | www.stand-up-paddle-surf-corsica.com*

TRAMWAY DE BALAGNE

(140 B1-138 A5) (*🗺 C-D6*)

La linea ferroviaria a scartamento ridotto Tramway de Balagne collega le spiagge che si susseguono lungo la costa tra Calvi e Île-Rousse. Il treno è un mezzo di trasporto divertente per i più piccoli. Non dovete far altro che avvisare il controllore e scendere alla baia che preferite. *In alta stagione ogni ora*

UN TUFFO NEL FIUME FANGO

(140 B3) (*🗺 B8*)

Le pozze nel Fango, da Galéria verso l'interno, sono facilmente raggiungibili dalla strada. Le rocce rosse sono state modellate dall'acqua e sono perfette per prendere il sole e arrampicarsi.

L'OVEST

CALANQUES (140 A-B5) (*🗺 B9*)

La D81, spesso affollata, attraversa le bizzarre formazioni rocciose delle Calanques de Piana, da dove partono diversi sentieri che passano per strette gole e scogli rossastri su cui arrampicarsi. In estate, i momenti migliori per avventurarsi in questo paesaggio surreale sono il mattino presto o il tardo pomeriggio, in modo da evitare il gran caldo delle ore centrali della giornata. Dall'*Auberge Les Roches Bleues*, segnalato, parte il percorso circolare di due ore del *Sentier des Muletiers*, indicato in rosso e blu, verde e blu o bianco e blu.

PERCORSO AVVENTURA VERO

(144 A2) (*🗺 D11*)

Volete provare a stare in equilibrio a diversi metri di altezza o lanciarvi appesi a una carrucola su una corda tesa tra due alberi? Allora questo è il posto che fa per voi. Una volta apprese le istruzioni di sicurezza non vi resta che buttarvi. Qui i bambini potranno divertirsi in percorsi di ogni tipo. Il top in estate: ! l'avventura notturna, tutti i mercoledì dalle 20 alle 24. *Parcours Aventure de Vero | metà giu-inizio set tutti i giorni 10-19, mag-metà giu e set-ott sab-dom 10-18 | prezzo in base all'altezza €12-€22 | www.revesdecimes.fr*

ZOO DELLE TARTARUGHE A CUPULATTA ●

(144 A3) (*🗺 D12*)

Sulla T20 (ex N193), tra Ajaccio e Bastia, si trova un allevamento di tartarughe che provengono da diverse parti del mondo. Se ! arrivate presto avrete maggiori possibilità di avvistare gli animali che nelle ore più calde della giornata preferiscono stare all'ombra. Dopo la visita potete fare un picnic in riva al fiume. *A 21 km da Ajaccio, a Vignola | metà mag-metà set tutti i giorni 9-19, apr-metà mag e metà set-ott tutti i giorni 10-17 | €11, bambini 5-11 anni €8 | www.acupulatta.com*

L'ENTROTERRA

"MICHELINE" ★ ●

Questa linea ferroviaria a scartamento ridotto sale su per le montagne, attraversando le gole, le gallerie e gli alti ponti che si susseguono tra *Corte* (141 F4) (*🗺 E9*) e il paesino di *Vizzavona* (144 C1) (*🗺 E10*), non lontano dall'omonimo passo. Da lì potete fare un'escursione di un'ora alle suggestive *Cascades des Anglais*: il sentiero procede dolcemente attraverso il bosco ed è adatto anche ai bambini. Potete fare una sosta all'altezza del ponte dove il torrente *Agnone* ha scavato magnifiche pozze per fare il bagno e modellato imponenti blocchi di pietra; ai margini, fuori dalla zona a rischio, ci sono alcune rocce su cui arrampicarsi. Una volta superato il ponte, calcolate almeno 15-20 minuti per la salita. Indossate scarpe resistenti ed evitate di andarci se ha piovuto da poco. *Andata e ritorno Corte-Vizzavona €10,60, bambini 4-12 anni €6,20*

IL SUD

A SPASSO TRA LE POZZE

(145 D4-5) *(F13)*

Lungo il *ruscello Polischellu* vi sono diverse pozze: risalendo il corso d'acqua potrete attraversarle a piedi o a nuoto, indossando costume e scarpette da mare. Il punto di partenza si trova in corrispondenza del ponte sulla D268, tra Solenzara e il Col de Bavella, circa 3,5 km oltre il Col de Larone arrivando da Solenzara.

IN KAYAK SUL MARE

(147 D4) *(E16-17)*

Il modo migliore per ammirare la bellezza della costa: gite guidate per bambini in piccoli gruppi. *Bonif'Kayak | Plage de Piantarella | Bonifacio | tel 06 27 11 30 73 | €35, bambini 0-10 anni €15 | www.bonifacio-kayak.com*

PARC NATUREL D'OLVA

(146 B2) *(D15)*

Oltre a vedere e magari toccare diversi animali quali pony, pecore e pavoni, i bambini potranno anche cimentarsi in un percorso in sella a un asino *(€3 per 5 minuti, €4,50 per 15 minuti). Lieu-dit Olva | Route de la Castagna | Sartène | lug-agosto tutti i giorni 9.30-19, apr-giu e set-ott mar-dom 10-18 | ingresso €7,50, bambini 4-18 anni €5 | www.parc-animalier-corse.com*

! SNORKELING

(147 E5) *(F17)*

Un'esperienza straordinaria per i bambini dagli 8 anni in su, che potranno scoprire in gruppo i segreti del variegato ecosistema marino accompagnati da una guida del parco naturale che si estende davanti alle *Isole di Lavezzi* (→ p91). *www.parcmarin.com*

Giocare nei boschi tra gli alberi e i ruscelli gorgoglianti

EVENTI E FESTE

Per sapere le date esatte delle feste rivolgetevi agli *Offices de Tourisme*.

FESTE E MANIFESTAZIONI

GENNAIO-FEBBRAIO

Fête des Oranges: processione in onore di Sant'Antonio a Corbara e Aregno.

MARZO-APRILE

Notre-Dame de la Miséricorde: festa ad Ajaccio *(18 marzo)*.
Processioni della Settimana Santa: Giovedì Santo: benedizione dei ***Canistrelli*** (biscotti all'anice); la sera e la mattina del Venerdì Santo si tengono le processioni ***La Cerca*** e ***La Granitula***, ad es. a Erbalunga; Venerdì Santo: processione delle cinque confraternite di Bonifacio; processione dei penitenti a Calvi; processione serale ***U Catenacciu***, la più famosa a Sartène; ***processione delle candele*** a Corte; Lunedì di Pasqua: ***processione greco-ortodossa*** a Cargèse.
Festa di l'Oliu Novu: festa dell'olio d'oliva a Ste-Lucie-de-Tallano.

MAGGIO

Festimare: giochi e workshop per bambini intorno al mare di Île-Rousse.
A Fiera di u Casgiu: esposizione dei produttori di formaggio, a Venaco.
Nautival: festival del mare a Macinaggio.

GIUGNO

St. Erasme, fête des pêcheurs: festa del patrono dei pescatori, ad Ajaccio *(2 giugno)*.
Cavall'in festa: mercato dei cavalli con spettacoli e attività per bambini, a Corte.
Jazzfestival: a Calvi e ad Ajaccio.
San Giovanni: festa e fuochi d'artificio, soprattutto a Bastia *(23-24 giugno)*.

LUGLIO-AGOSTO

★ ***Estivoce:*** festival di musica folk, a Pigna e in altri paesi della Balagne.
! ***Les Nuits de la Guitare:*** musica jazz, classica, rock e sinti jazz, a Patrimonio.
Fiera di u vinu: fiera del vino a Luri.
Sorru in Musica: festival di musica classica nei paesi della regione di Sorru.
Calvi on the Rocks: festival sulla spiaggia con musica elettronica e arte digitale.
Lama: festival di cinema europeo sul tema della "vita agreste", a Lama.
Festa di u legnu e di a furesta: festa del legno e della foresta, a Vezzani *(metà agosto)*.
Festa della città: giorno della nascita di Napoleone Bonaparte e Assunzione della Vergine Maria, ad Ajaccio *(15 agosto)*.
Foire de l'amandier: festa delle mandorle, ad Aregno.

Il calendario è ricco di manifestazioni popolari, anche se i maggiori festeggiamenti sono quelli della Settimana Santa

Porto Latino: festival di musica latina, a St-Florent.
Fiera di u Turismu Campagnolu: fiera di prodotti di campagna, a Filitosa.

SETTEMBRE
Centre Corse: rally, a Corte.
A Santa di u Niolu: festa della natività della Vergine Maria, a Casamaccioli.
U Mele in Festa: festa del miele, a Murzo.
Festa della Liberazione: la Corsica fu il primo dipartimento francese a essere liberato durante la seconda guerra mondiale. Festeggiamenti in ogni paese, con costumi storici ad Ajaccio *(9 settembre)*.
! ***Rencontres Polyphoniques:*** musicisti internazionali a Calvi.

OTTOBRE
Festiventu: festival del vento, a Calvi; dalla musica al teatro, dallo sport all'arte
Tour de Corse Historique: variante del campionato francese di rally in auto d'epoca; dura 5 giorni.

NOVEMBRE-DICEMBRE
Fête du marron: castagne in festa, a Evisa.
Fiera di a castagna: il più grande mercato regionale della Corsica, a Bocognano.
Mercatini di Natale: ad esempio a Bastia

GIORNI FESTIVI

1° gen	Capodanno
marzo-apr	Pasqua e Lunedì di Pasqua
1° mag	Festa del Lavoro
8 mag	Fine della seconda guerra mondiale
mag-giu	Ascensione, Lunedì di Pentecoste
14 lug	Festa Nazionale
15 agosto	Assunzione di Maria Vergine
1° nov	Ognissanti
11 nov	Armistizio 1918
25 dic	Natale

LINK, BLOG, APP E ALTRO

LINK E BLOG

www.paradisu.info Questa comoda guida online, redatta con precisione svizzera da Martin Lendi, fornisce consigli pratici e informazioni dettagliate raccolte dall'autore durante i suoi soggiorni sull'isola. In francese.

www.toute-la-corse.com/it/corsica Microregioni, trasporto, alloggio, ristoranti, tempo libero: tutto ciò che c'è da sapere prima di partire. In italiano.

www.visit-corsica.com/it/ Sito ufficiale dell'ente per il turismo, con tutte le informazioni necessarie per organizzare le vacanze sull'isola. In italiano.

www.mycorsica.com/agenda-corse/ Sito in francese con informazioni sugli eventi che si svolgono in Corsica, dai festival di musica agli spettacoli teatrali, dalle fiere alle conferenze, dalle manifestazioni sportive alle mostre d'arte. Una sezione dedicata anche ai più piccoli.

chemindefercorse.free.fr Tra il 1888 e il 1943 il treno collegava Bastia e Porto Vecchio. Il sito descrive la storia della ferrovia e le tratte rimaste. Anche in italiano.

short.travel/ksk1 In questo elenco troverete link e presentazioni di produttori e fornitori di articoli biologici. Solo in francese.

www.atlantidephototravel.com Inserendo "Corsica" nella maschera di ricerca in alto a destra potrete ammirare le splendide istantanee scattate da fotografi professionisti.

www.corsematin.com Il quotidiano corso online con interessanti informazioni su politica ed economia, sport e cultura. Solo in francese.

www.gr20-blog.com Il blog raccoglie le storie degli escursionisti che vogliono condividere la loro esperienza del GR20.

corsicavivilaadesso.it Blog con consigli su come organizzare il viaggio in Corsi-

Prima di partire o già in viaggio, create la vostra vacanza sulla rete: link, blog, forum e social network sono a vostra disposizione

ca e video su alcuni itinerari provati e proposti dai blogger. Sul profilo Instagram si possono condividere immagini delle vacanze in Corsica: le foto più belle saranno pubblicate.

www.eatupcorsica.com Blog di una consulente in comunicazione, corsa ghiottissima e appassionata di viaggi. Indirizzi, ricette e tanto altro. In francese

www.couchsurfing.org Da una parte c'è chi mette a disposizione una stanza o il divano di casa, dall'altra c'è chi parte per un paese sconosciuto e cerca una sistemazione gratuita per qualche giorno. Una soluzione ideale per risparmiare, conoscere gente nuova e immergersi in contesti culturalmente differenti.

VIDEO

short.travel/ksk5 I famosi canti polifonici a cappella – in francese "Chants polyphonies" –, che spesso trattano temi legati alla movimentata storia della Corsica o alla fatica della vita quotidiana, sono la versione moderna dell'antica *Paghjella*, canti a tre voci profondamente radicati nella cultura corsa.

www.ina.fr/video/CAC96006525 La Corsica è una montagna in mezzo al mare: così inizia il commento di Jean Paul Quilici, storica guida alpina, alle immagini girate sull'isola. In francese.

APP

Corse Matin Il quotidiano corso è disponibile gratuitamente come applicazione per iPhone, ma solo in lingua francese.

MyCorsica App-guida di viaggio con informazioni su divertimenti, eventi, ristoranti e musei, con cui è possibile prenotare hotel e attività: la Corsica a portata di indice! Disponibile per tutti i tipi di cellulare e anche in italiano.

iSparpi Una app che presenta le più belle passeggiate del sud della Corsica. L'applicazione è disponibile in francese, inglese e... corso!

Meteo-France Con l'app gratuita del servizio meteorologico potrete conoscere le previsioni del tempo dei nove giorni successivi. Comoda soprattutto per le escursioni in montagna.

INFORMAZIONI PRATICHE

AUTOMOBILE, MOTOCICLETTA E BICICLETTA

Dal 2014 le strade nazionali "Routes Nationales" (RN o N) sono diventate "Routes Territoriales" (T). Per avere maggiori informazioni e scaricare una cartina della Corsica con le nuove denominazioni visitate il sito della Collectivité Territoriale de Corse: *www.corse.fr/Changement-de-denomination-des-routes-nationales-en-routes-territoriales-a-l-automne-2014_a4455.html*

Su tutte le strade provinciali il limite massimo di velocità è di 90 km/h, nei centri abitati di 50 km/h. In genere le carreggiate sono strette, ci sono molte curve e spesso i bordi sono sdrucciolevoli. Ciononostante, negli ultimi anni le condizioni delle vie di comunicazione sono migliorate e oggi si possono raggiungere facilmente anche le località più isolate. In ogni caso suonate il clacson prima delle curve ed evitate di correre troppo in auto. Le cinture di sicurezza sono obbligatorie e i bambini con meno di 10 anni devono sedere sui sedili posteriori.

Il tasso alcolico massimo è di 0,05%; conviene avere con sé la carta verde, ossia il certificato internazionale di assicurazione, ed è necessario essere muniti di giubotto di sicurezza (questo vale anche per le motociclette). In caso di inosservanza vi saranno multe da €11 a €135.

I ciclisti sono tenuti a indossare un gilet catarifrangente sia di giorno che di notte. La sanzione prevista per chi non rispetta le regole ammonta a €35.

Spesso quando si chiedono informazioni sulle distanze viene comunicato il tempo di percorrenza visto che ciò che conta di più sono le condizioni delle strade che si devono affrontare.

VIAGGIARE VERDE

Potete fare molto con semplici mezzi. Non calcolate solo le emissioni di anidride carbonica emessa per il vostro viaggio di andata e ritorno *(cityfactor.it/calcolatoreco2)*, ma fate attenzione e proteggete anche la natura e le tradizioni del paese che visitate *(www.climatecare.org; www.vacanzefaidate.com; www.aitr.org)*. Come turisti è necessario avere cura dell'ambiente *(en.nabu.de; www.wwf.it)*, privilegiare i prodotti regionali, utilizzare mezzi di trasporto puliti (bicicletta anziché automobile), risparmiare l'acqua e molto altro. Per maggiori informazioni sul turismo ecosostenibile: *www.tuttogreen.it/category/viaggi*

AUTONOLEGGIO

Le principali compagnie hanno sede negli aeroporti, in alcuni porti e nelle città più importanti. Di solito si risparmia prenotando in anticipo. Conviene controllare che sul contratto sia specificato il tipo di assicurazione (kasko o kasko parziale) e l'eventuale franchigia per evitare di pagare un supplemento. Se volete noleggiare un camper, invece, potete consultare i siti *www.aviscaraway.com* e *www.campingcarcorse.fr*, con sede ad Algajola. Per motociclette, scooter e quad, invece, visitate i portali *www.corsica*

Destinazione Corsica

La vacanza dalla A alla Z: in ordine alfabetico le informazioni indispensabili per il vostro viaggio

moto.com (Ajaccio; moto 700: €120 al giorno, €1100 per 14 giorni), *www.garagedangeli.com* (Calvi; anche biciclette: €14-20 al giorno, €150-205 per 14 giorni), *www.corse-moto-service.com* (Porto Vecchio; scooter: €55-95 al giorno, €330-565 per una settimana). Per i fuoristrada potete informarvi sul sito *www.tramare-monti.com* cliccando su "Nos locations" e poi su "Voitures et 4x4". Infine, se cercate buone biciclette e mountain bike, c'è *Balagne Cycles* a Île-Rousse *(tel 04 95 38 12 99 | www.balagne-cycles.fr)*: i prezzi vanno da €10 per mezza giornata a €200 per tre settimane.

BANCA E CARTA DI CREDITO

In genere le banche sono aperte dal lunedì al venerdì dalle 8.30 alle 12 e dalle 14 alle 16.30. Gli sportelli bancomat sono presenti solo nei centri più grandi. Le carte di credito sono accettate quasi ovunque, fatta eccezione per i ristoranti più rustici e i piccoli alberghi.

CAMPEGGI

In Corsica ci sono quasi 200 campeggi, alcuni in splendida posizione. L'ente per il turismo francese fornisce ogni anno un elenco aggiornato delle strutture. Per informazioni sulle aree di servizio dei camper visitate il sito *www.eurocampingcar.com*. Quasi sempre, se vi fermate almeno una settimana, potete affittare piccoli bungalow *(chalets)*.

DOCUMENTI

La carta d'identità o il passaporto in corso di validità sono sufficienti per visitare la Corsica. Anche i minori di 15 anni devono essere muniti di un documento proprio.

DOGANA

I cittadini UE possono esportare e importare, esentasse, fino a 800 sigarette, 10 l di superalcolici e 1 kg di tabacco; per il vino invece non ci sono limiti. Per la Svizzera le quantità ammesse sono sensibilmente inferiori. Per maggiori informazioni consultare i siti *www.agenziadogane.it* e *www.ezv.admin.ch*

ELETTRICITÀ

La corrente è erogata a 220 V. Non sono necessari gli adattatori.

EMERGENZE

Guardia medica (SAMU): *tel 15*
Polizia: *tel 17*
Soccorso alpino: *tel 112 o tel 04 95 23 30 31*
Unità Speciale Alta Montagna della Gendarmeria di Corte (PGHM): *tel 04 95 61 13 95*
Vigili del fuoco: *tel 18*

FUMO

Negli edifici pubblici, nei ristoranti, nei locali, nei bar, negli alberghi e nelle discoteche è vietato, mentre sulle terrazze si può fumare quando almeno un lato dell'area è aperto. In caso di trasgressione si rischia una multa di €68 per il cliente e di €135 per il padrone del locale.

INFORMAZIONI IN CORSICA

Potete ricevere informazioni sia negli *Offices de Tourisme* delle singole microregioni, contrassegnati da una "i" su sfondo blu, sia sul sito ufficiale dell'ente per il turismo *(www.visit-corsica.com).*
Per conoscere gli itinerari escursionistici e le strutture alberghiere potete invece recarvi al *Parc Naturel Régional de la Corse (19 avenue Georges Pompidou | Ajaccio | tel 04 95 51 79 10 | www.facebook.com/ParcNaturelRegionalCorse).* Molte guide e cartine sono a pagamento ma di ottima qualità, come ad esempio le *Topo Guides*. Per saperne di più sugli eventi culturali, troverete ovunque i dépliant *Guide des manifestations culturelles* e *A canzona in giru.*

INFORMAZIONI ONLINE

– *www.toute-la-corse.com:* informazioni su trasporti, alberghi, ristoranti e attività del tempo libero, anche in italiano
– *www.corse.visite.org:* meteo, eventi, mappe, anche in italiano

INFORMAZIONI PRIMA DELLA PARTENZA

ATOUT FRANCE – SITO UFFICIALE DEL TURISMO FRANCESE
– *Italia:* it.france.fr | *info.it@france.fr*
– *Svizzera: de.france.fr | info.de@france.fr*

INTERNET CAFÉ E WI-FI

Potete accedere a internet dai *cybercafés,* dai luoghi pubblici, da molti uffici turistici, dai P@M *(Point Accès Multimédia),* dagli alberghi e dai ristoranti dotati di wi-fi *(borne/accès Wifi)*. Su *www.cyber cafe.fr*, cliccando sulla cartina, compare una lista aggiornata degli Internet point, mentre su *numerique.corse.fr* trovate l'elenco dei P@M o EPS *(Espace Public Numérique)* sotto la rubrica "Cartographies des EPN de Corse". Anche il portale *www.wificamping.com* è utile: muovendovi sulla mappa della Corsica con il mouse scoprirete i campeggi dotati di wi-fi, con indirizzi internet e numeri di telefono.

MANCE

In molti ristoranti il servizio è incluso nel conto *(service compris)*, ma si usa comunque arrotondare al 5-10%: si paga, si prende il resto e poi si lascia la mancia sul tavolo al momento di uscire. È buona norma dare qualche spicciolo anche ai tassisti e alle cameriere di piano.

NATURISMO

In spiaggia vi sono spesso zone non segnalate dove si può praticare il naturismo, ad esempio il Ricantu di Ajaccio, davanti all'aeroporto, o il Capu di Fenu sul promontorio a ovest della città. I più noti villaggi turistici per naturisti sono Bagheera a Bravone, La Chiappa a Porto Vecchio e Riva Bella ad Aléria.

ORARI DI APERTURA

Molti negozi chiudono a metà giornata e il lunedì mattina. Alcuni supermercati sono aperti anche la domenica prima di pranzo. Nelle zone turistiche sulla costa e in base alla stagione, gli orari possono discostarsi da quelli abituali. In linea di massima i negozi sono aperti dal lunedì pomeriggio al venerdì o al sabato dalle 9 alle 12 e dalle 15 alle 19, i ristoranti dalle 12 alle 14 e dalle 18 alle 22 (in bassa stagione alcuni ristoranti sono aperti solo di sera), gli uffici turistici dalle 9 alle 12 e dalle 14 alle 17 (nelle località più visitate fanno spesso orario continuato e chiudono più tardi).

PERIODO DI VIAGGIO

I mesi migliori per visitare la Corsica sono maggio e giugno, quando l'isola è in fiore, e settembre, grazie alle temperature dell'acqua ancora piacevoli, a quelle dell'entroterra miti e al ridotto numero di turisti. I mesi invernali sono sempre più apprezzati dagli stranieri, soprattutto per vacanze enogastronomiche.

PERNOTTAMENTO

I prezzi cambiano in base al periodo. I mesi più cari sono quelli compresi tra la metà di luglio e la fine di agosto. A volte in bassa stagione si possono ottenere interessanti riduzioni, soprattutto per i soggiorni più lunghi.

In alcuni hotel delle località balneari (ma non in quelli delle città) è possibile prenotare solo a settimana o solo a mezza pensione. Il marchio di qualità francese "Gîtes de France" è assegnato a case vacanze *(gîtes ruraux)* e camere presso privati *(chambres d'hôtes)*, a cui spesso si aggiunge il servizio di ristorazione *(table d'hôte)*. Nell'entroterra una stanza per due persone con prima colazione inclusa costa indicativamente €50-€70 *(www.gites-corsica.com)*.

Per avere informazioni sulle vacanze in fattoria *(à la ferme)* con sistemazione in camere, appartamenti o piazzola per la tenda consultate il portale *www.bienvenue-a-la-ferme.com*

POSTA

Nelle grandi città gli uffici postali sono aperti dal lunedì al venerdì dalle 9 alle 19, mentre nei paesi più piccoli dalle 9 alle 12 e dalle 14 alle 16; in entrambi i casi il sabato, di solito, fino alle 12. Lettere e cartoline fino a 20 g verso paesi dell'UE o per la Svizzera costano €0,95. I francobolli sono in vendita anche in edicola e dai tabaccai.

RAPPRESENTANZE DIPLOMATICHE

SPORTELLO CONSOLARE ITALIANO
Rue Saint-François, 20200 Bastia | tel 04 95 34 93 93 | bastia.marsiglia@esteri.it

CONSOLATO ONORARIO SVIZZERO
38, Cours Lucien Bonaparte, 20192 Ajaccio | tel 04 95 21 28 43 | ajaccio@honrep.ch

QUANTO COSTA?

Caffè	**2,50-3 euro** *un espresso al bar*
Spuntino	**4-5 euro** *un panino*
Vino	**3-5 euro** *un bicchiere*
Souvenir	**10-15 euro** *1 kg farina di castagne*
E-bike	**circa 35 euro** *noleggio al giorno*
Giro in barca	**36 euro** *Porto-Scandola*

SALUTE

Le farmacie *(pharmacies)*, contrassegnate dalla croce verde, o verde e rossa, sono aperte dal lunedì al sabato dalle 9 alle 12 e dalle 15 alle 19; quelle di turno sono segnalate sui quotidiani locali. Il *SAMU (Service d'Aide Médicale d'Urgence)* mette a disposizione ambulanze e medici di guardia *(tel 15)*. La Tessera Europea Assicurazione Malattia (TEAM) non viene quasi mai riconosciuta e bisogna quindi pagare la prestazione sul momento conservando la ricevuta per ottenere il rimborso una volta tornati in patria. Conviene stipulare un'assicurazione sanitaria di viaggio.

TELEFONO

Prefissi: per la Francia si digita lo *0033* con le nove cifre del numero senza lo zero iniziale; per l'Italia lo *0039* è seguito dall'indicativo della città con lo zero iniziale e il numero dell'abbonato; per la Svizzera, invece, allo *0041* non si aggiunge il primo zero del luogo in cui si chiama. Di solito c'è una buona copertura di rete che sfrutta le frequenze GSM 900/1800, ma nei luoghi isolati e nelle valli di montagna in alcune zone il cellulare non prende. Dal 15 giugno 2017 i sovrapprezzi per il traffico voce e dati dei cellulari all'interno dell'Unione Europea sono stati aboliti. Si può quindi usare la tariffa nazionale all'estero, senza costi aggiuntivi.

TRASPORTI PUBBLICI

In estate gli autobus di linea collegano tra loro la maggior parte dei paesi almeno una volta al giorno. Il servizio di autobus cittadini è presente solo ad Ajaccio e Bastia. Sul sito *www.corsicabus.org* troverete tutti gli orari aggiornati, le mappe, alcune informazioni utili e le coincidenze, in lingua inglese e francese.

La linea ferroviaria a scartamento ridotto percorre la tratta compresa tra Ajaccio e Bastia. A Ponte Leccia il percorso devia per Calvi. Potete consultare gli orari direttamente nelle stazioni prin-

IL TEMPO A BASTIA

	Gen	Feb	Mar	Apr	Mag	Giu	Lug	Ago	Set	Ott	Nov	Dic
Temperature diurne in °C	13	14	15	18	21	26	29	29	26	21	17	14
Temperature notturne in °C	4	4	6	8	11	14	17	17	15	12	8	5
Ore di soleggiamento/giorno	5	5	6	7	9	10	12	10	8	6	5	4
Precipitazioni giorni/mese	7	6	7	6	6	3	0	1	4	7	8	8
Temperatura dell'acqua in °C	13	13	13	14	16	20	23	24	22	20	17	15

 Ore di soleggiamento/giorno · Precipitazioni giorni/mese · Temperatura dell'acqua in °C

cipali, negli uffici turistici e sul portale *www.train-corse.com* e *www.cf-corse.fr*
Il biglietto di sola andata Bastia-Ajaccio costa circa €22, andata e ritorno (entro il giorno successivo all'acquisto) circa €33, il settimanale *(Carte Zoom)* valido su tutte le tratte circa €50. Per andare e tornare da Calvi a Bastia (entro 48 ore) si spendono circa €25, da Calvi a Corte circa €21 e da Calvi a Île Rousse circa €12. Gli orari di partenza cambiano ogni sei mesi.

VIAGGIO

Sull'isola ci sono quattro aeroporti internazionali: Ajaccio, Calvi, Bastia e Figari. Attualmente l'unica compagnia aerea che propone un collegamento diretto tra la Corsica e l'Italia è Air Corsica *(www.aircorsica.com)* con un volo tra Roma Fiumicino e Ajaccio attivo solo in alta stagione. Per il resto potete scegliere Air France *(www.airfrance.it)* in partenza da Marsiglia o da Nizza, a loro volta collegate con gli aerei di linea di Alitalia *(www.alitalia.com)* e Swiss *(www.swiss.com)* da Milano Malpensa, Roma Fiumicino, Zurigo e Ginevra. Le tariffe cambiano in base alla stagione o in occasioni di particolari promozioni, soprattutto in bassa stagione. Conviene quindi rivolgersi a un'agenzia di viaggio di fiducia o cercare una proposta vantaggiosa su internet. Alcuni siti che consentono di effettuare prenotazioni online sono *www.edreams.it*, *www.expedia.it*, *www.opodo.it*, *www.skyscanner.it*, e *www.whichbudget.com/it*
Il traffico aereo diretto sull'isola è aperto anche alla compagnia low cost Easyjet *(www.easyjet.com)* per le tratte Ginevra-Bastia, Parigi-Ajaccio e Parigi-Bastia, mentre Ryanair *(www.ryanair.com)* collega Figari con Parigi e Bruxelles.
Il collegamento degli aeroporti con la rete dei trasporti pubblici è regolato solo a Bastia e Ajaccio, dove ci sono gli autobus dell'aeroporto diretti in centro città. Altrove dovrete organizzarvi prendendo un taxi oppure noleggiando un'automobile direttamente in aeroporto.

La Corsica Linea *(www.corsicalinea.com)* collega Marsiglia con Ajaccio, Bastia, Île-Rousse e Porto Vecchio.
La Meridionale *(www.lameridionale.fr)*, collega la città di Marsiglia con i porti di Ajaccio, Bastia e Propriano in qualsiasi stagione dell'anno.
Le uniche compagnie che arrivano in Corsica dall'Italia sono la Corsica Ferries e la Moby.
La Corsica Ferries *(www.corsica-ferries.it)* collega i porti di Livorno e Savona al porto di Bastia. Durante i mesi estivi la compagnia mette a disposizione ulteriori tratte da Piombino e Portoferraio: i porti raggiunti sono anche Calvi e Île Rousse. La linea Bastia-Piombino è la più veloce e impiega meno di due ore.
La Moby Lines *(www.moby.it)* viaggia da Genova e Livorno solo su Bastia, ma collega Santa Teresa di Gallura (Sardegna) a Bonifacio in 50 minuti.
Prenotando con largo anticipo si possono ottenere delle buone tariffe, soprattutto approfittando delle promozioni a numero limitato disponibili direttamente sui siti delle compagnie. Per conoscere i dettagli di orari, prezzi e prenotazioni visitate il sito *www.traghettiweb.it*
Tutti i porti sul continente dispongono di un collegamento ferroviario. Visto che gli orari dei treni e dei traghetti non sono coordinati tra loro, spesso bisogna prenotare un pernottamento.
Chi viaggia sulla propria automobile può invece raggiungere i porti in autostrada ricordando però che è necessario pagare il pedaggio.

FRASARIO FRANCESE

COME SI PRONUNCIA

ai	"e"
au	"o"
ay	"ei"
e muta	come in "je"
ei	"e"
eu	suono a metà tra la "o" e la "e"
oi	"ua"
ou	"u"
u	suono a metà tra la "i" e la "u"
c	davanti alla "e" e alla "i" si pronuncia come la "s" italiana, mentre davanti ad "a", "o" e "u" si pronuncia come la "c" di cane
ç	si pronuncia come la "s" sorda italiana
ch	"sc"
ill	suono simile all'italiano "iene", dove alla "i" lunga segue una "e" muta
j	come la seconda "g" di "garage"
r	si pronuncia dal retro della gola
s	spesso non si pronuncia nelle forme plurali

Le parole francesi sono generalmente accentate sull'ultima sillaba.

VOCABOLARIO BASE

sì/no/forse	oui/non/peut-être
per favore/grazie	s'il vous plaît/merci
Buongiorno!	Bonjour!
Buonasera!/Buonanotte!	Bonsoir!/Bonne nuit!
Ciao!/Arrivederci!/A presto!	Salut!/Au revoir!/Salut!
Scusa!/Scusi!	Pardon!
Mi chiamo.../Vengo da...	Je m'appelle.../Je suis de...
Posso...?	Puis-je...?
Come?	Comment?
Vorrei.../Avete...?	Je voudrais.../Avez-vous...?
Quanto costa...?	Combien coûte...?
(non) Mi piace	Ça (ne) me plaît (pas)
buono/cattivo/rotto	bon/mauvais/cassé
troppo/molto/poco	trop/beaucoup/peu
tutto/niente	tout/rien
Aiuto!/Attenzione!	Au secours!/Attention!
polizia/vigili del fuoco	police/pompiers

Tu parles français?

"Parli francese?" Questo frasario vi aiuterà ad apprendere parole e frasi d'uso comune

DATA E ORA

lunedì/martedì	lundi/mardi
mercoledì/giovedì	mercredi/jeudi
venerdì/sabato/domenica	vendredi/samedi/dimanche
feriale/festivo	jour ouvrable/jour férié
oggi/domani/ieri	aujourd'hui/demain/hier
ora/minuto	heure/minute
giorno/notte/settimana	jour/nuit/semaine
mese/anno	mois/année
Che ora è?/Sono le tre	Quelle heure est-t-il?/Il est trois heures
Sono le tre e mezza	Il est trois heures et demi
quattro meno un quarto	quatre heures moins le quart
quattro e un quarto	quatre heures et quart

PER STRADA

aperto/chiuso	ouvert/fermé
ingresso/entrata	entrée
uscita/partenza/arrivo	sortie/départ/arrivée
toilettes/signore/signori	toilettes/femmes/hommes
acqua (non) potabile	eau (non) potable
Dov'è...?/Dove sono...?	Où est...?/Où sont...?
a sinistra/a destra	à gauche/à droite
dritto/indietro/vicino/lontano	tout droit/en arrière/près/loin
autobus/tram/metro/taxi	bus/tramway/métro/taxi
fermata/stazione dei taxi	arrêt/station de taxi
parcheggio	parking
cartina della città	plan de ville
mappa	carte routière
stazione/porto/aeroporto	gare/port/aéroport
orario	horaire
biglietto	billet
solo andata/andata e ritorno	aller simple/aller-retour
treno/binario/banchina	train/voie/quai
Vorrei noleggiare...	Je voudrais louer...
un'automobile/una bicicletta	une voiture/un vélo
distributore	station d'essence
benzina/diesel	essence/diesel
guasto/officina	panne/garage

MANGIARE E BERE

Il menu, per favore!	La carte, s'il vous plaît!
Potrebbe portarmi...?	Puis-je avoir... s'il vous plaît?
bottiglia/caraffa/bicchiere	bouteille/caraffe/verre
coltello/forchetta/cucchiaio	couteau/fourchette/cuillère
sale/pepe/zucchero	sel/poivre/sucre
aceto/olio/latte/panna/limone	vinaigre/huile/lait/crême/citron
freddo/troppo salato/crudo	froid/trop salé/pas cuit
con/senza ghiaccio/gas	avec/sans glaçons/gaz
vegetariano/vegetariana	végétarien(ne)
Il conto, per favore!	L'addition, s'il vous plaît!
conto/ricevuta	addition/reçu

SHOPPING

farmacia/drogheria	pharmacie/droguerie
panetteria/mercato	boulangerie/marché
centro commerciale	centre commercial
grande magazzino	grand magasin
caro/economico/prezzo	cher/bon marché/prix
da agricoltura biologica	de l'agriculture biologique

DORMIRE

Ho prenotato una camera	J'ai réservé une chambre
Avete ancora...?	Avez-vous encore...?
camera singola/camera doppia	chambre simple/double
prima colazione	petit déjeuner
mezza pensione/pensione completa	demi-pension/pension complète
doccia/vasca da bagno	douche/bain
balcone/terrazza	balcon/terrasse
chiave/passepartout	clé/carte magnétique
bagaglio/valigia/borsa	bagages/valise/sac
piscina/spa/sauna	piscine/spa/sauna
sapone/carta igienica/pannolino	savon/papier toilette/couche
culla/seggiolone/cambiare i pannolini	berceau/chaise haute/changer la chouche
anticipo/cauzione	avance/caution

BANCA E VALUTA

banca/sportello automatico/ codice segreto	banque/guichet automatique/ code
contanti/carta di credito	comptant/carte de crédit
banconota/moneta	billet/monnaie

SALUTE

medico	médecin
dentista	dentiste
pediatra	pédiatre
diarrea	diarrhée
nausea	nausée
scottatura	coup de soleil
infiammato	enflammé
ferito	blessé
benda	bandage
medicazione	pansement
pomata	pommade
antidolorifico	analgésique

TELECOMUNICAZIONI E MEDIA

francobollo/lettera/cartolina	timbre/lettre/carte postale
Mi servirebbe una carta telefonica per la rete fissa	J'ai besoin d'une carte téléphonique pour ligne fixe
Avrei bisogno di una scheda prepagata per il cellulare	Je cherche une recharge pour mon portable
Dove posso collegarmi a internet?	Où puis-je trouver un accès à internet?
selezionare/connessione/occupato	composer/connection/occupé
presa/caricabatteria	prise électrique/chargeur
computer	ordinateur
batteria/accumulatore	batterie/accumulateur
chiocciola *(negli indirizzi e-mail)*	arobase
indirizzo internet/indirizzo e-mail	adresse internet/mail
file/stampare	fichier/imprimer

TEMPO LIBERO, SPORT E SPIAGGE

spiaggia	plage
ombrellone/sdraio	parasol/transat
bassa marea/alta marea/corrente	marée basse/marée haute/courant

NUMERI

0	zéro	6	six	50	cinquante
1	un, une	7	sept	80	quatrevingt
2	deux	8	huit	100	cent
3	trois	9	neuf	1000	mille
4	quatre	10	dix	½	un demi
5	cinq	20	vingt	¼	un quart

ATLANTE STRADALE

La linea verde ▬ indica *Il tour ideale* descritto nel capitolo *Gite ed escursioni*
La linea blu ▬ indica gli altri percorsi
Tutti gli itinerari sono riportati anche nella carta estraibile

 In foto: le Calanques de Piana

A spasso per la Corsica

Le zone di riferimento delle cartine si trovano sul retro della copertina di questa guida

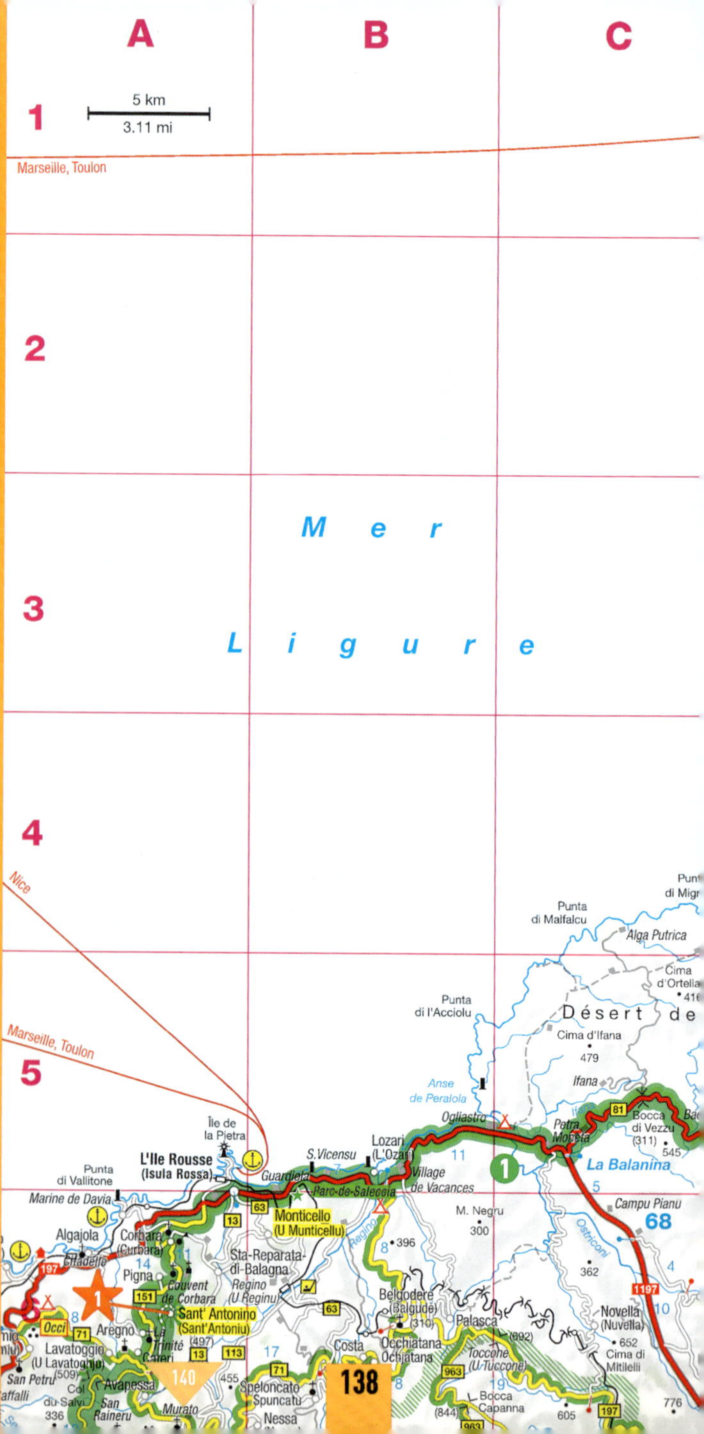
A
B
C
1
5 km
3.11 mi
Marseille, Toulon
2
Mer
Ligure
3
4
Nice
Punta di Malfalcu
Alga Putrica
Cima d'Ortella
Punta di l'Acciolu
Désert de
Cima d'Ifana
479
Ifana
Anse de Peraiola
Ogliastro
Petra Moneta
Bocca di Vezzu
(311)
545
La Balanina
5
Marseille, Toulon
Île de la Pietra
L'Ile Rousse (Isula Rossa)
Punta di Vallitone
Marine de Davia
S.Vicensu
Lozari (L'Ozari)
Guardiola
Parc-de-Saleccia
Village de Vacances
Monticello (U Munticellu)
M. Negru
300
Campu Pianu
68
Algajola
Corbara (Curbara)
Citadelle
Sta-Reparata-di-Balagna
Regino (U Reginu)
396
362
Pigna
Couvent de Corbara
Sant' Antonino (Sant'Antoniu)
(497)
Belgodere (Balgudè)
(310)
Palasca
Novella (Nuvella)
652
Cima di Mtilelli
Occi
Aregno
La Trinité
Cateri
Lavatoggio (U Lavatoghju)
(509)
San Petru
Col de Salvi
336
Avapessa
San Raineru
140
455
Speloncato Spuncatu
Nessa
Costa
Occhiatana Ochjatana
Toccone (U Tuccone)
(692)
Bocca Capanna
(844)
605
776
Murato
138

D
E
F
Cap Corse
Île de la Giraglia
Nice
Savona
Genova
1
2
3
4
5
6
Barcaggio
Tollare
(U Barcaghju)
Tour d'Agnello
Capo Grosso
Capo Bianco
359
187
153
253
Poggio
(U Poghju)
Ersa
Moulin Mattei
Cannelle
(E Canelle)
Santa Maria
280
Îles Finocchiarola
Rés. Nat. des Îles Finocchiarola
Centuri-Port
(Cinturi Portu)
Centuri
Col de la Serra
(365)
80
Rogliano
(Rugliianu)
Macinaggio
(Macinaghju)
Camera
603
Morsiglia
(Mursigliu)
M. di e Catello
Tomino
(Tuminu)
Capu Corvoli
35
Meria
Marine de Meria
(Marina di Meria)
Golfu Alisu
608
Pastina
Meria
485
Marine de Scalo
(Marina di Scalu)
Col de Sta Lucia
(381)
Pino
(U Pinu)
Piana
Luri
Campu
(U Campu)
Punta Minerviu
Minerviu
Tour de Sénèque
Fieno
Castello
(U Castellu)
Santa Severa
(Santa Suvera)
Chiesa
(Achjesa)
637
Tufo
(U Tufu)
Carbonacce
(E Carbunacce)
Barrettali
Ortale
132
Porticciolo
(U Purticciolu)
Cagnano
Marine de Giottani
(Marina di Giottani)
Conchigliu
(U Cunchigliu)
M.Alticcione
Ghilloni
Suprana
Tour de Losse
1139
Lapedina
Oreta
52
Marinca
Canari
Pietracorbara
(A Petracurbara)
Marine de Pietracorbara
Marina d'Ampuglia
Punta di Canelle
Ogliastro
(Oligastru)
Cima di e Follicie
San Michele
Sisco
(Siscu)
Canelle
(E Canelle)
1305
(959)
Chioso
(Chjosu
u Chjusu)
Ste Catherine
Marine de Sisco
(Marina di Siscu)
Moline
(E Muline)
32
Albo
(Albu)
Guadu Grande
Olcani
Sant' Antone
Tour de Sacro
M. Stello
1307
(152)
Nonza
Silgaggia
Olmeta-di-Capocorso
(Olmeta di Capicorsu)
764
Castello
(U Castellu)
Pozzo
(U Pozzu)
Poretto
(U Purettu)
Erbalunga
(Erbalonga)
Golfe de St-Florent
Sta-Maria-di-Lota
Figarella
(A Ficarella)
Lavasina
Negru
(U Negru)
Partine
Mandriale
Corniche
Miomo
(Miomu)
Punta di Curza
Farinole
(Faringule)
Grigione
(Grisgioni)
Marine de Farinole
(Marina di Faringule)
Castagnetu
(U Castagnetu)
San-Martino-di-Lota
Plage du Loto
Ville-di-Pietrabugno
(E Vile de Petrabugnu)
Pietranera
(Petra Nera)
Punta Mortella
Albino
Guaitella
Ste Lucie
Patrimonio
(U Patrimoniu)
Serra di Pigno
les Marines du Soleil
Cardo
(U Cardu)
81
BASTIA
Barbaggio
(Barbaghju)
961
Citadella
Cath. de Nebbio
Bartollaciu
264
St-Florent
(San Fiurenzu)
Lupino
(U Lupinu)
San Pancraziu
Dolmen
356
Col de Teghime
(536)
Lavandaju
(Lavandaghju)
38
238
E25
Furiani
Cima di Pedi
597
Pilato
229
Nebbio
82
Poggio-d'Oletta
(U Poghju d'Oletta)
Marana
(A Marana)
Réserve naturelle de l'Étang de Biguglia
St. Francois
Oletta
Cima di u Zuccarellu
17
955
Biguglia
(270)
Casatorra
(362)
378
Belle Lasagne
Olmeta di Tuda
Suariccia
Santo-Pietro-di-Tenda
(Santu Petro di Tenda)
62
Bocca di Santu Stefanu
Lancone
Village de Vacances
107
Vallecalle
Bevincu
Pianello
Défilé de Lancone
Île San Damianu
San-Gavino-di-Tenda
(San Giavanu di Tenda)
Rapale
Pruneta
Ortale
Purettone
Borgo
(U Borgu)
Etang de Biguglia
M. Astu
Menhir
San Michele
835
Valrose
(Valle Rose)
Bocca di Tenda
(1219)
Sorio
(Soriu)
Pieve
702
Rutali
193
Murato
(Muratu)
(497)
142
Aéroport de Bastia (Poretta)
la Marana
1077
Borgo
(U Borgu)
Rivinco
Livorno

A
B
1
2
3
4
5
6
5 km
3.11 mi
Punta di la Revellata
Golfe de la Revellata
Calvi
Citadelle
Golfe de Calvi
Grotte des Veaux Marins
N.D. de la Serra
Petra Maio
Punta Guale
Baie de Nichiareto
Capo Cavallo
Sèmaphore
295
Capu Planu
848
Prigugio
Moncale (U Mucale)
Tarazone
Mezzanodi
Suare
Paese Novu
Capu di a Mursetta
256
Baie de Crovani
San Quilcu
l'Argentella
813
Capu di l'Argentella
Pieve
893
Mer
Méditerranée
Punta di Ciuttone
(122)
Bocca Bassa
Tour Maraghiu
Golfe de Galeria
Porta Vecchia
Marsolinu
Prezzuna
Capu di Vegnu
1389
Forêt de
Maison forestière de Bonifatu
Chaos de Bocca Rezza
Parc
1951
Punta di Stollu
Olmu
Punta Bianca
407
Punta Muvareccia
Galéria
Guaitella
u Fangu
Calca
Capu Tondu
839
594
Tuarelli
Chiorna
Punta a Scala
1409
Filosorma
Manso
Baie de Focolara
Punta Palazzu
Baie d'Elbo
Capu Licchia
639
(408)
Col de Palmarella
Réserve Naturelle de Scandola
Girolata (Girulatu)
Golfe de Girolata
Punta Muchillina
Barghiana
Monte Estremo
Capu Manganellu
1023
927
Forêt du Fangu
2B Haute Corse
2A Corse-du-Sud
1619
1586
Capu a u Celu
Capu Tafunatu
2335
Bocca a Croce
Curzu
Osani
Capu Seninu
619
Gratelle
Vetriccia
Partinello
Serriera
Caspiu
Bocca di Capronale
(1329)
Col de Cuccavera
1475
Capu à Cuccula
2049
Golfe de Porto
Traghino
Bussaglia
Capu a Vetta
1282
Porto Marina
Porto (Portu)
e Calanche
Ota
Pont Génois
Gorges de Spelunca
Evisa
Cascades
Village Vacances
Forêt d'Aitone
1562
Capu di Melo
Cristinacce
Punta di Ficajola
Route de Ficajola
Tour de Turghiu
Capu Rossu
les Roches Bleues
Capu d'Ortu
1294
624
Piana (A Piana)
(438)
Bocca a Lavu
(491)
1330
Tombalo
Chidazzu
Marignana
Capu a e Macennule
1226
M.Ravu
727
Cariu
San Martinu
Punta à i Tuselli
Plage d'Arone
1510
Col de Sevi (1101)
Renno (Rennu)
1001
St. Roch
Letia
Revinda
Capu di Calazzu
1131
Balogna
Tour d'Orchinu
189
Punta d'Orchinu
Golfe de Chiuni
Village de Vacances
806
Vico (Vicu) (385)
Chigliani
Murzo (Murzu)
St. François
Marchese
Lozzi
696
Capu a Cuma
748
Sagone
Appriciani
904 (Nesa) Nesce
Punta di a Spusata
1192
Muna
Punta d'Omigna
Golfe de Peru
Cargèse (Carghjese)
Rondulinu
Village de Vacances
920
Cerasa
Arbori (Arburi)
Parapoggio (Parapoghju)
Crucciate
Coggia
Vedolaccia
Punta di Cargèse
Porto Monachi
143
Nice
Savona
Punta Spano
Club Méditerranée
Baie Agajo
Punta Caldanu
Lumio (Lumiu)
Occi
563
Lavatoggio (U Lavatoghju)
San Petru
Camp Raffalli
Col du Salvi
336
F. Secco
Montegrosso
Fangu
Figarella
Pozzi
Porto
Altone

D
E
F
1
2
3
4
5
6
138
144
Sta-Reparata-di-Balagna
Belgodere (Belgudè)
Palasca
Novella (Nuvella)
Lama
San-Gavino-di-Tenda
M. Astu
Bocca di Tenda
Costa
Occhiatana (Ochjatana)
Toccone (U Tuccone)
Cima di Mitilelli
Ville-di-Paraso (E Ville di Parasi)
Speloncato (Spuncatu)
Bocca di a Battaglia
Bocca Capanna
Pietralba (Petralba)
M. Reghia di Pozzo
Nessa (Nesce)
Feliceto (Felicetu)
M. Tolu
Pioggiola
Olmi-Cappella (Olmi e Capella)
Forcili
Pedano (U Pedanu)
S. Parteo
Mausoléo (Musuleu)
Vallica
Piana
Canavaggia (U Canavaghja)
Melaja
Tartagine
Castifao
Cima a Trepite
Ponte Rosso (Ponte Rossu)
Giunssani
Forêt de Tartagine
Moltifao (Moltifau)
Bocca di Laggiarello
M.Terello
Asco
Campu Rosu (Campu Rossu)
Grazianaccia
Ponte Leccia (Ponte à a Leccia)
Taverna
M.Corona
M.Padro
Cima di a Statoghia
Asco (Ascu)
Stranciacone
Gorges de l'Asco
Piedigriggio (Pedigrisgiu)
Pont Génois
Ref.Giunte
Popolasca
Aiguilles de Popolasca
Cima a Mori
Grisgione
Prato-di-Giovellina
Murcela
Pinara
Forêt de Carozzica
Haut Asco
Bergerie de Galghellu
Castiglione
Capu Biancu
P. Jumentella
Ponte Castirla
Francardo (Francardu)
Aiti
Pont de Lano (U Ponte Lanu)
M. Cinto
Lac du Cinto
Ref.de l'Ercu (non gardé)
Santa Regina
San Michele
Caporaline
Omessa
Bergerie de Cesta
Cascade
Castirla
Soveria
Scala di Sta Regina
Corscia
Collo di S.Quilico
Tralonca
Bocca d'Ominanda
Lozzi
Poggio
Calacuccia
Sidossi
Calasima
Albertacce
Pinerole
Cuticci
M. Cecu
Sta-Lucia-di-Mercurio (Sta Lucia di ...)
Corte (Corti)
Pecurellu
Lac de Calacuccia
Casamaccioli
Bocca a Arinella
Vincinacce
Castellare-di-Mercurio
Citadelle
Golo
Régional
Forêt de Valdu Niellu
Gorges du Tavignano
San Giovanni
Ref.de Sega
Capu di u Facciatu
Punta Artica
Punta di i Castelli
Gorges de la Restonica
Casanova (A Casa Nova)
Poggio-di-Venaco (U Poghju di Venacu)
Capu à u Tozzu
Lac de Nino
Santo Pietro-di-Venaco (Santu Petru di Venacu)
Riventosa
de
Restonica
Tavignano
Amallio
Col de Belle Granaje
Cimatella
Capu à u Chiostru
Gratelle
M.Cardu
Venaco (Venacu)
M. Rotondo
Lac de Melo
Corse
Vecchiu
Favarone
Ref. de Manganu
Lac de Creno
Punta à e Porte
Ref.de Pietra-Piana
Berg.de Puzzatellu
Pont du Vecchiu
Noceta
M.Sant'Eliseo
Orto (Ortu)
Fiume Grossu
Punta di Petra Facciata
Verjellu
Fort
Vivario (Vivariu)
Bocca di Murellu
Poggiolo (U Poghjolu)
Guagno (Guagnu)
Punta di Pinzi Corbini
Manganellu
Muracciole
Punta a i Muzzolini
Canaglia
Punta Muru
Pastricciola
Guarchetta
Ref. de l'Onda
M. d'Oro
Tattone
Col de Sorba
Agnatellu
Chiusa
Cruzini
Forêt
Ghiglliazza
Rezza
Frassetu
P.Feniccia
Vizzavona
Orsena
Pezzu
Punta a i Novi
Piane
Fort
a Foce
Col
Vizzavona
Ghisoni

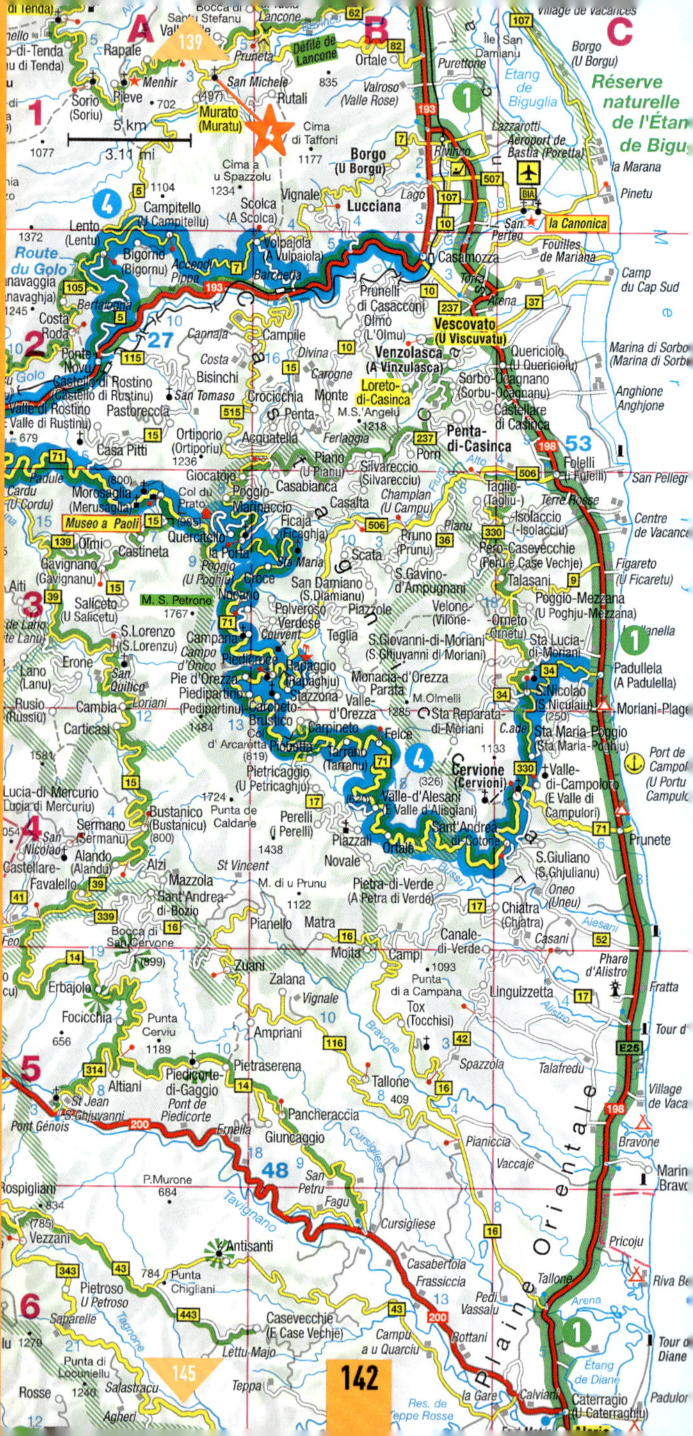

139
A
B
C
1
2
3
4
5
6
5 km
3.11 mi
Rapale
Menhir
Sorio
(Soriu)
Pieve
San Michele
Murato
(Muratu)
Rutali
Défilé de Lancone
Ortale
Valroso
(Valle Rose)
Cima di Taffoni
Cima a u Spazzolu
Borgo
(U Borgu)
Vignale
Lucciana
Lago
Scolca
(A Scolca)
Campitello
(U Campitellu)
Lento
(Lentu)
Route du Golo
Bigorno
(Bigornu)
Volpajola
(A Vulpaiola)
Barchetta
Casamozza
Purettone
San Damianu
Etang de Biguglia
Réserve naturelle de l'Étan
de Bigu
Borgo
(U Borgu)
Lazzarotti
Aéroport de Bastia (Poretta)
la Marana
Pinetu
San Perteo
la Canonica
Fouilles de Mariana
Camp du Cap Sud
Torra
Arena
Prunelli di Casacconi
Olmo
(L'Olmu)
Vescovato
(U Viscuvatu)
Venzolasca
(A Vinzulasca)
Loreto-di-Casinca
Sorbo-Ocagnano
(Sorbu-Ocagnanu)
Castellare di Casinca
Querciolo
(U Querciolu)
Marina di Sorbo
(Marina di Sorbu)
Anghione
Anghjone
Penta-di-Casinca
Folelli
(U Fulelli)
San Pellegr
Costa
Roda
Ponte Novu
Castello di Rostino
(Castellu di Rustinu)
Valle di Rostino
Valle di Rustinu
Cannaja
Costa
Bisinchi
San Tomaso
Pastoreccia
Crocicchia
Campile
Divina
Carogne
Monte
Penta-
M.S.Angelu
Acquatella
Ortiporio
(Ortiporiu)
Casa Pitti
Ferlaggia
Porri
Piano
(U Pianu)
Silvareccio
(Silvarecciu)
Casabianca
Champlan
(U Campu)
Taglio-
(Tagliu-)
-Isolaccio
(-Isolacciu)
Terre Rosse
Centre de Vacanc
Morosaglia
(Merusaglia)
Museo a Paoli
Giocatojo
Col du Prato
Poggio-Marinaccio
Quercitello
Casalta
Ficaja
(Ficaghja)
Olmi
Castineta
la Porta
Sta Maria
Pruno
(Prunu)
Scata
Pero-Casevecchie
(Peru è Case Vechje)
Figareto
(U Ficaretu)
Gavignano
(Gavignanu)
Poggio
(U Poghju)
Croce
San Damiano
(S.Diamianu)
S.Gavino-d'Ampugnani
Talasani
Poggio-Mezzana
(U Poghju-Mezzana)
Aiti
Saliceto
(U Salicetu)
M. S. Petrone
Nocario
Polveroso
Verdese
Piazzole
Velone-Orneto
(Vilone-Ornetu)
Couvent
S.Lorenzo
(S.Lorenzu)
Campana
Campo d'Onico
Piedicroce
Teglia
S.Giovanni-di-Moriani
(S.Ghjuvanni di Moriani)
Sta Lucia-di-Moriani
Lano
(Lanu)
Erone
San Quilico
Pie d'Orezza
Rapaggio
(Rapaghju)
Monacia-d'Orezza
Parata
Padulella
(A Padulella)
S.Nicolao
(S.Niculaiu)
Moriani-Plage
Rusio
(Russiu)
Cambia
Loriani
Piedipartino
(Pedipartinu)
Stazzona
Carcheto-Brustico
Valle-d'Orezza
M.Olmelli
Sta Reparata-di-Moriani
Carticasi
Col d'Arcarotta
Piobetta
Carpineto
Felce
Tarrano
(Tarranu)
Sta Maria-Poggio
(Sta Maria-Poghju)
Port de Campol
(U Portu Campulo)
Pietricaggio
(U Petricaghju)
Cervione
(Cervioni)
Valle-di-Campoloro
(E Valle di Campulori)
Lucia-di-Mercurio
Lucia di Mercuriu
Bustanico
(Bustanicu)
Punta de Caldane
Perelli
(I Perelli)
Valle-d'Alesani
(E Valle d'Alisgiani)
Sant'Andrea-di-Cotone
Prunete
San Nicolao
Sermano
(Sermanu)
Alando
(Alandu)
Alzi
Piazzali
Ortale
Novale
S.Giuliano
(S.Ghjulianu)
Oneo
(Uneu)
Castellare-Favalello
St Vincent
Mazzola
Sant'Andrea-di-Bozio
M. di u Prunu
Pietra-di-Verde
(A Petra di Verde)
Chiatra
(Chjatra)
Casani
Alesani
Bocca di San Cervone
Pianello
Matra
Moita
Campi
Canale-di-Verde
Phare d'Alistro
Fratta
Zuani
Zalana
Vignale
Punta di a Campana
Linguizzetta
Erbajolo
Focicchia
Punta Cerviu
Ampriani
Tox
(Tocchisi)
Alistro
Tour d'
Altiani
Piedicorte-di-Gaggio
Pont de Piedicorte
Pietraserena
Tallone
Spazzola
Talafredu
St Jean
S.Ghjuvanni
Pont Génois
Ernella
Pancheraccia
Giuncaggio
Bravone
Village de Vaca
Bravone
Cursigliese
Pianiccia
Vaccaje
Marin Bravo
Rospigliani
P.Murone
San Petru
Fagu
Tavignano
Cursigliese
Vezzani
Antisanti
Pricoju
Pietroso
U Petroso
Punta Chigliani
Casabertola
Frassiccia
Tallone
Riva Be
Saparelle
Tagnone
Casevecchie
(E Case Vechje)
Pedi Vassalu
Arena
Campu a u Quarciu
Rottani
Lettu Majo
Tour d Diane
Étang de Diane
Plaine Orientale
Punta di Locuniellu
Salastracu
Rosse
Teppa
145
Res. de Teppe Rosse
la Gare
Calviani
Caterragio
(U Caterraghju)
Padulon
Agheri
Castagniccia
Village de vacances

Golfe de Peru
Rondulinu
Village de Vacances
Punta Cargèse
Portu Monachi
Punta di Trio
Anse de Sagone
Menhir
Sagone
Esigna
Cerasa
Cruciate
Coggia
Vedolaccia
Parapoggio (Parapoghju)
Arbori/ Arburi
140
Muna
M.Cervel 1623
Rosazia (Rusazia)
5 km
3.11 mi
Rodone
Lopigna
Cruzini
Golfe de Sagone
Plage du Liamone
Liamone
Ambiegna
Arro (Arru)
866
Taggia
P.Peccuragh 1039
Casaglione (Casagliò)
Cinarca
Tiuccia
Tour de Capigliolo
Golfu di a Liscia
la Liscia (Aliscia)
Sari-d'Orcino (Sari d'Orcinu)
1271
Punta Sant'Eliseo
Cannelle (E Cannelle)
Tavaco (Tavacu)
Tour d' Ancone
Lisca
Sant'Andrea-d'Orcino (Sant'Andrea-d'Orcinu)
Sarrola-(Sarrula-)
Ancone
Marina di Pévani
Calcatoggio (Calcatoghju)
Carcopino (Carcopinu)
Valle-Mezzana
Bocca S.Bastiano
Appietto (Appiettu)
Pévani
347
Lava
Piscia (Rossa)
San Petru
St Antoine (S.Antone)
Mandriolo (Mandriolu)
Punta Pelusella
Carbinica
Pichio (Pichju)
a Vulpaja
Pratu-Tondu
Romanetti
Golfu di Lava
S.Benedettu
Tuscia
Alata
Afa
Pedi Mo
Scaglioli
Pruno (U Prunu)
Pianiccia
Capo di Feno
Salccia
333
Villanova
Ranuchiettu (Ranuchjettu)
Baleone
Colombina (Culumbina)
888
M.Aragnascu
la Punta
Punta Pozzo di Borgo
les Milelli
Mezzavia
Bottacina
Gravona
Pisinale
les Cannes
le Finosello
Anse de Minaccia
Capigliolo
Bastelicaccia
Prunelli
Route des Sanguinaires
Col de S.-Antoine (225)
434
M.Salario
Scudo
Citadelle
Tour de Capitello
Pisciatella
Mutuléju
Pointe de la Parata
Plage de Vignola
Plage de l'Ariadne
Chapelle des Grecs
AJACCIO (AJACCIU)
Marina Viva
Fica
P.Grimaldel 678
Passe des Sanguinaires
Morgone
Porticcio (Purtichju)
Punta di Porticcio
Grande Sanguinaire
Îles Sanguinaires
les Hameaux de P. Buselica
Golfe d'Ajaccio
Monte Rosso (Monte Rossu)
Molini (I Mulini)
Plage d'Agosta
Bocca di Belle Valle (552)
Agosta
1060
Punta Cozzanicciu
Punta di Sette Nave
Isolella
Agnarellu
Pietrosella (Pitrusedda)
Cruciata
le Ruppione (U Ruppione)
Bisinao (Bisinau) (638)
Plage de Ruppione
Acelasca
Bocca di Chenova (629)
Isola Piana
Forêt de Chiavari
Monticchi
759
Punta di a Castagna
Verghia
Gradello
la Castagna (A Castagna)
Portigliolo
655
Mattiolo
Calzola
Col de Cortonu (625)
Pratavone
Saparella Sottana (Saparella Suttana)
Ariezza
Coti-Chiavari
Arja Donica
603
Piattone
Acqua Doria
Tassinca
Vill. Préhi de Filitosa
Figoni
Pilusella
u Paladinu Menhir
Filitosa
Capu di Muru
Monte Biancu
Pietra Rossa (A Petra Rossa)
Baie de Cupabia
Favalella
Zoppu
Milucci
Cala di Cigliu
Tour de Capannella
Serra-di-Ferro
Capu Neru
Tour de Micalona
516
Raja
Porto Pollo (Portu Polu)
Punta di Porto Pollo
Olmeto Plage
Cappiciolo
Golfe de Valinco
Propriano (Prupia)
Capu Laurosu
Plage de Capu Laurosu
Plage de Portigliolo
146
Porto Torres

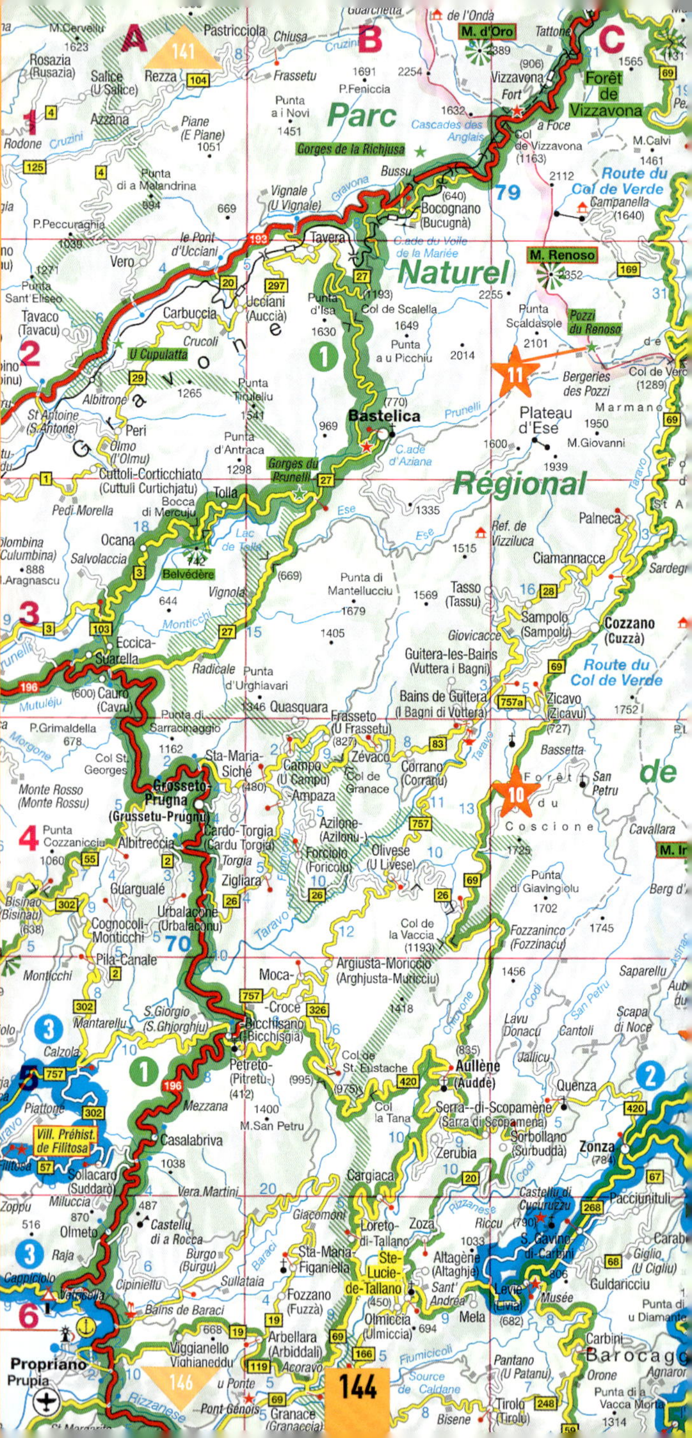

A
B
C
141
146
Pastricciola
Chiusa
Frassetu
Guarchetta
de l'Ondà
M. d'Oro
Tattone
M.Cervellu
1623
Rosazia
(Rusazia)
Salice
(U Salice)
Rezza
Azzana
Piane
(E Piane)
1051
Rodone
Cruzini
Punta
a i Novi
1451
1691
P.Feniccia
2254
2389
(906)
Vizzavona
Fort
Forêt
de
Vizzavona
1565
Parc
Gorges de la Richjusa
1632
Cascades des
Anglais
a Foce
Col
de Vizzavona
(1163)
M.Calvi
1461
Punta
di a Malandrina
994
669
Vignale
(U Vignale)
Gravona
Bussu
(640)
Bocognano
(Bucugnà)
79
2112
Route du
Col de Verde
Campanella
(1640)
P.Peccuraghia
1039
le Pont
d'Ucciani
Tavera
C.ade du Voile
de la Mariée
Naturel
M. Renoso
2352
Vero
1271
Punta
Sant'Eliseo
Tavaco
(Tavacu)
Carbuccia
Ucciani
(Auccià)
Punta
d'Isa
1630
(1193)
Col de Scalella
1649
Punta
a u Picchiu
2014
2255
Punta
Scaldasole
2101
Pozzi
du Renoso
Crucoli
U Cupulatta
Gravona
Bergeries
des Pozzi
Col de Verde
(1289)
Albitrone
1265
Punta
Tirulellu
1541
(770)
Bastelica
969
Prunelli
Plateau
d'Ese
Marmano
1950
M.Giovanni
1939
1600
St Antoine
(S.Antone)
Peri
Olmo
(l'Olmu)
Punta
d'Antraca
1298
Gorges du
Prunelli
C.ade
d'Aziana
Régional
Cuttoli-Corticchiato
(Cuttuli Curtichjatu)
Tolla
Bocca
di Mercuju
Pedi Morella
Ese
1335
Ref. de
Vizziluca
Palneca
Ocana
Lac
de Tolla
Colombina
(Culumbina)
888
Aragnascu
Salvolaccia
742
Belvédère
(669)
Punta di
Mantellucciu
1679
1569
Tasso
(Tassu)
1515
Ciamannacce
Sardegna
Vignola
644
Monticchi
Eccica-
Suarella
1405
Giovicacce
Sampolo
(Sampolu)
Cozzano
(Cuzzà)
Route du
Col de Verde
Guitera-les-Bains
(Vuttera i Bagni)
Radicale
Punta
d'Urghiavari
Mutuléju
(600) Cauro
(Cavru)
1346 Quasquara
Bains de Guitera
(I Bagni di Vuttera)
Zicavo
(Zicavu)
(727)
1752
P.Grimaldella
678
Punta di
Sarracinaggio
1162
Frasseto
(U Frassetu)
(827)
Morgone
Col St.
Georges
Sta-Maria-
Siché
(480)
Campo
(U Campu)
Ampaza
Zévaco
Col de
Granace
Corrano
(Corranu)
Bassetta
Forêt
du
Coscione
San
Petru
Monte Rosso
(Monte Rossu)
Grosseto-
Prugna
(Grussetu-Prugna)
Cardo-Torgia
(Cardu Torgia)
Torgia
Azilone-
(Azilonu-)
Forciolo
(Forciolu)
Olivese
(U Livese)
1725
Cavallara
M. In
Punta
Cozzaniccia
1060
Albitreccia
Zigliara
Punta
di Giavingiolu
1702
Berg d'
Bisinao
(Bisinau)
(638)
Guarguale
Urbalacone
(Urbalaconu)
Taravo
Col de
la Vaccia
(1193)
Fozzaninco
(Fozzinacu)
1745
Cognocoli-
Monticchi
Pila-Canale
Argiusta-Moriccio
(Arghjusta-Muricciu)
Monticchi
Moca-
-Croce
1418
1456
Saparellu
S.Giorgio
(S.Ghjorghju)
Mantarellu
Bicchisano
(Bicchisgià)
Chiuvone
Lavu
Donacu
Cantoli
Scapa
di Noce
Calzola
Petreto-
(Pitretu-)
(412)
(995)
Col de
St. Eustache
(975)
(835)
Aullène
(Auddè)
Jallicu
Quenza
Piattone
Vill. Préhist.
de Filitosa
Mezzana
1400
M.San Petru
Col
de la Tana
Serra-di-Scopamène
(Sarra di Scopamena)
Sorbollano
(Surbuddà)
Zonza
(784)
Casalabriva
Zerubia
Sollacaro
(Suddarò)
1038
Cargiaca
Zoppu
Miluccia
870
Vera Martini
Castellu di
Cucuruzzu
(790)
Pacciunituli
516
487
Castellu
di a Rocca
Giacomoni
Loreto-
di-Tallano
Zoza
Riccu
Olmeto
1033
S. Gavino-
di-Carbini
Carabi
Raja
Burgo
(Burgu)
Sta-Maria-
Figaniella
Ste-
Lucie-
de-Tallano
Altagène
(Altaghje)
806
Giglio
(U Cigliu)
Cappicciolo
Sullataia
Fozzano
(Fuzzà)
Sant'
Andréa
Levie
(Livia)
Musée
Guldaricciu
Vetricella
Cipiniellu
Bains de Baraci
(450)
Olmiccia
(Ulmiccia)
694
Mela
(682)
Punta di
u Diamante
Propriano
Prupià
668
Viggianello
Vighianeddu
Arbellara
(Arbiddali)
Acoravo
Fiumicicoli
Pantano
(U Patanu)
Carbini
Barocaggio
Orone
Agnarone
u Ponte
Pont Génois
Granace
(Granaccia)
Source
de Caldane
Rizzanese
Tirolo
(Tirolu)
Bisene
Punta di a
Vacca Morta
1314

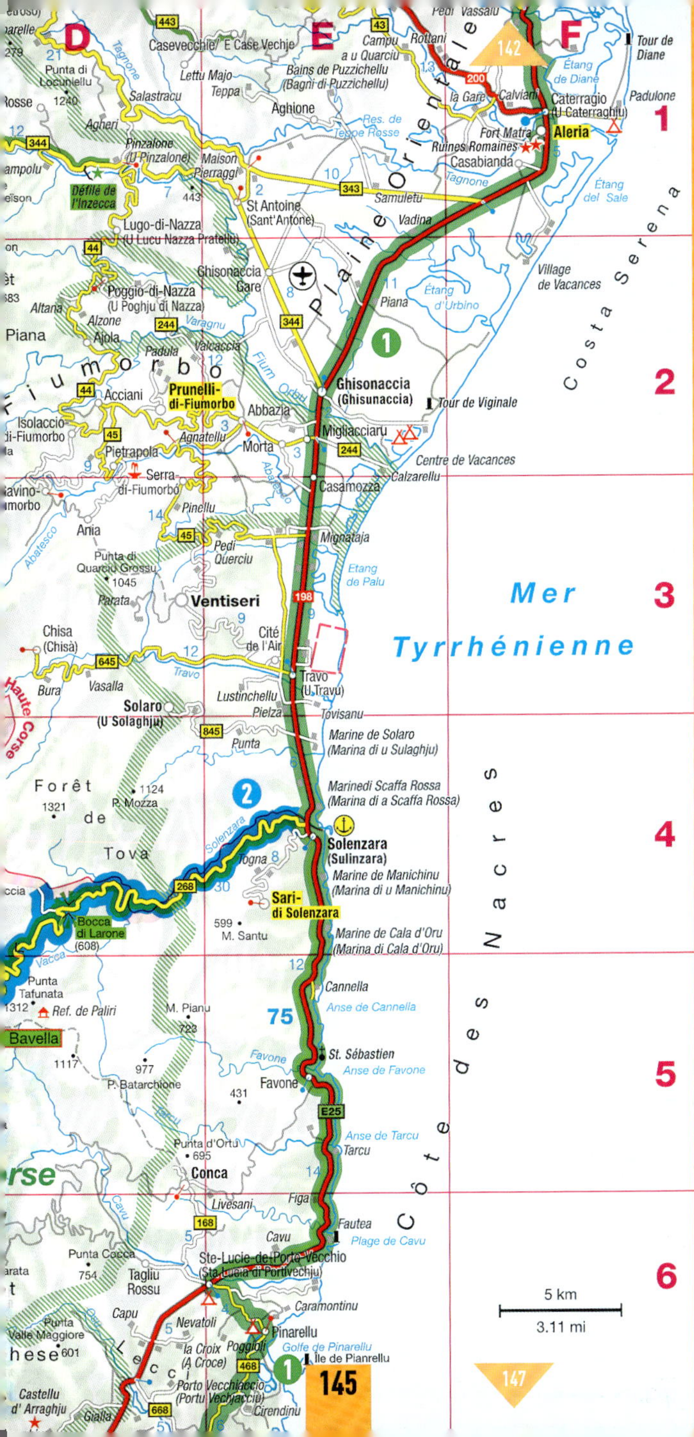
D
E
F
142
147
1
2
3
4
5
6
443
43
200
344
343
44
244
45
645
198
845
268
E25
168
468
668
Casevecchie/ E Case Vechje
Campu a u Quarciu
Rottani
Pedi Vassalu
Tour de Diane
Étang de Diane
Punta di Locunellu
1240
Salastracu
Lettu Majo
Teppa
Bains de Puzzichellu (Bagni di Puzzichellu)
la Gare
Calviani
Caterragio (U Caterraghju)
Padulone
Aghione
Res. de Teppe Rosse
Fort Matra
Aleria
Ruines Romaines
Casabianda
Agheri
Pinzalone (U Pinzalone)
Maison Pierraggi
Défilé de l'Inzecca
443
St Antoine (Sant'Antone)
Samuletu
Tagnone
Étang del Sale
Vadina
Plaine Orientale
Lugo-di-Nazza (U Lucu Nazza Pratellu)
Ghisonaccia Gare
Poggio-di-Nazza (U Poghju di Nazza)
Altana
Alzone
Ajola
Piana
Varagnu
Valcaccia
Padula
Étang d'Urbino
Village de Vacances
Costa Serena
Fiumorbo
Acciani
Prunelli-di-Fiumorbo
Abbazia
Ghisonaccia (Ghisunaccia)
Tour de Viginale
Isolaccio-di-Fiumorbo
Pietrapola
Agnatellu
Morta
Migliacciaru
Centre de Vacances
Calzarellu
Serra-di-Fiumorbo
Casamozza
Pinellu
Ania
Pedi Querciu
Mignataja
Étang de Palu
Punta di Quarciu Grossu
1045
Parata
Ventiseri
Mer Tyrrhénienne
Chisa (Chisà)
Cité de l'Air
Travo (U Travu)
Bura
Vasalla
Travo
Solaro (U Solaghju)
Lustinchellu
Pielza
Tovisanu
Haute Corse
Punta
Marine de Solaro (Marina di u Sulaghju)
Forêt de Tova
1321
1124
P. Mozza
Marinedi Scaffa Rossa (Marina di a Scaffa Rossa)
Solenzara
Solenzara (Sulinzara)
Togna
Marine de Manichinu (Marina di u Manichinu)
Sari-di Solenzara
Bocca di Larone (608)
599
M. Santu
Marine de Cala d'Oru (Marina di Cala d'Oru)
Côte des Nacres
Vacca
Punta Tafunata
1312
Ref. de Paliri
M. Pianu
723
Cannella
Anse de Cannella
75
Bavella
1117
977
P. Batarchione
Favone
St. Sébastien
Anse de Favone
Favone
431
Tarcu
Anse de Tarcu
Tarcu
Punta d'Ortu
695
Conca
Livesani
Figa
Cavu
Fautea
Plage de Cavu
Punta Cocca
754
Tagliu Rossu
Ste-Lucie-de-Porto-Vecchio (Sta Lucia di Portivechju)
Caramontinu
5 km
3.11 mi
Capu
Nevatoli
Pinarellu
Punta Valle Maggiore
601
la Croix (A Croce)
Poggioli
Golfe de Pinarellu
Île de Pianrellu
Porto Vecchiaccio (Portu Vechjacciu)
Castellu d' Arraghju
Gialla
Cirendinu

A
B
C
143
Marseille, Toulon
Golfe de Valinco
Propriano
(Prupia)
Capu Lauroscu
Plage de Capu Lauroscu
Cappiciolo
Bains de Baraci
Viggianello
(Vighjaneddu)
Arbellara
(Arbiddali)
Olmiccia
(Ulmiccia)
(Fuzzà)
Acoravo
u Ponte
Pont Génois
Granace
(Granaccia)
Chialza
(Achjalza)
Orio
(Oriu)
Bilzes
Foce
Rizzanese
Plage de Portigliolo
Portigliolo
St Margarita
Punta di Campomoro
Tivolaggio
Punta di Muro
605
Jumenta Grossa
(A Ghjumenta Grossa)
Bilia
Belvédère
(Belvidè-)
-Campomoro
(-U Campu Moru)
181
Foce di Bilia
(Foci di Bila)
Musée de Préhistoire Corse
Sartène
(Sartè)
Ortolo
Site Préhist.
Grossa
402
Cala d' Agulia
Punta d'Eccica
Berg. Carpatulia
Cacciabello
Aga Suttanu
446
(305)
609
Mola
Saparale
Granajola
Giuncheto
(Ghjunchetu)
Tarava
Cala di Conca
Alturaja
194
Punta Capannaccia
Bonifazinca
Acciola
Saparella
Capanella
(A-Capannella)
Giannuccio
Punta di Patania
Alignements de Pagliaju
Pastina
Giovighi
Capu di Senetosa
Golfe de Tizzano
Tizzano
Tralicetu
Navara
u Chiusu di a Casa
Pero Longo
(U Peru Longo)
Cioccia
Spartano
140
Capu di Zivia
Mégalithes de Cauria
Serragia
429
Monacia d'Aullène
(Munacia d'Auddè)
Golfe de Murtoli
Plage d'Erbaju
Punta di Murtoli
Golfe de Roccapina
Rocher du Lion
Punta di Valanincu
Roccapina
196
Capu di Roccapina
14
Tour de Olmeto
Punta di Caniscione
Anse d'Arbitru
166
-Caldarello
(-Caldarellu)
Îles Bruzzi
Anse de Chevanu
Baie de Figari
Île des Moines
I Monachi
Punta di Ventilegr
Capo
Porto Torres
Marseille, Toulon
F R
1
2
3
4
5
6
Mer Méditerra
5 km
3.11 mi

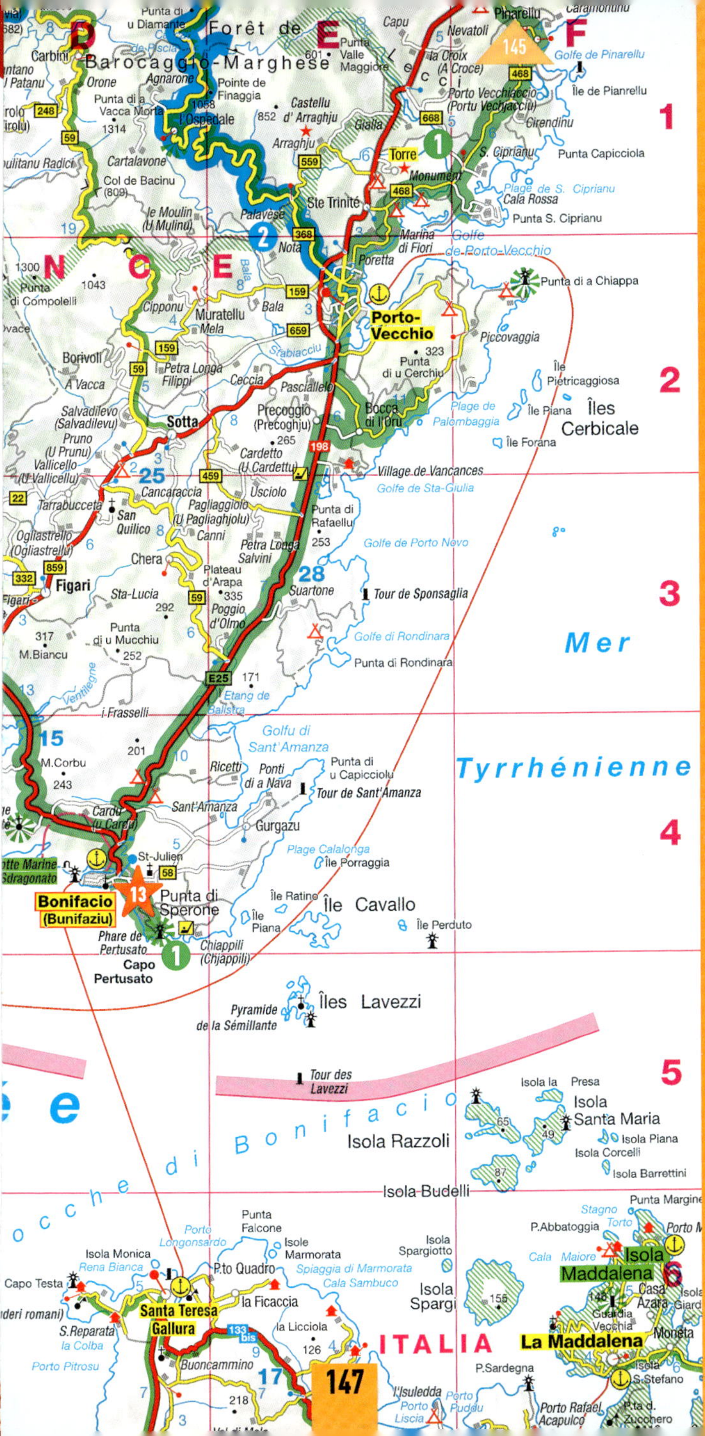
145
147
D
E
F
1
2
3
4
5
Forêt de Barocaggio-Marghese
Punta di u Diamante
Carbini
Orone
Agnarone
Pointe de Finaggia
Punta di a Vacca Morta
1314
1058
L'Ospedale
852
Castellu d' Arraghju
Arraghju
Capu
601
Punta Valle Maggiore
Nevatoli
Pinarellu
Golfe de Pinarellu
Île de Pinarellu
la Croix (A Croce)
Porto Vecchiaccio (Portu Vechjacciu)
Cirendinu
Gialla
Torre
Monument
S. Ciprianu
Punta Capicciola
Plage de S. Ciprianu
Cala Rossa
Punta S. Ciprianu
Cartalavone
Col de Bacinu (809)
le Moulin (U Mulinu)
Palavèse
Ste Trinité
Nota
Marina di Fiori
Golfe de Porto-Vecchio
Poretta
Punta di a Chiappa
1300
Punta di Compolelli
1043
Cipponu
Muratellu
Mela
Bala
Porto-Vecchio
Piccovaggia
Borivoli
A Vacca
Petra Longa Filippi
Ceccia
Pasciallelo
Stabiacciu
323
Punta di u Cerchiu
Île Pietricaggiosa
Île Piana
Îles Cerbicale
Île Forana
Plage de Palombaggia
Salvadilevo (Salvadilevu)
Pruno (U Prunu)
Vallicello (U Vallicellu)
Sotta
Precoggio (Precoghju)
265
Bocca di l'Oru
Cardetto (U Cardettu)
Village de Vancances
Golfe de Sta-Giulia
Tarrabuccetta
San Quilico
Cancaraccia
Pagliaggiolo (U Pagliaghjolu)
Canni
Usciolo
Punta di Rafaellu
253
Ogliastrello (Ogliastrellu)
Figari
Chera
Petra Longa Salvini
Golfe de Porto Novo
Plateau d'Arapa
335
Poggio d'Olmo
Sta-Lucia
292
Suartone
Tour de Sponsaglia
317
M.Biancu
Punta di u Mucchiu
252
Golfe di Rondinara
Punta di Rondinara
Mer Tyrrhénienne
Ventilegne
i Frasselli
171
Etang de Balistra
15
M.Corbu
243
201
Golfu di Sant'Amanza
Ricetti
Ponti di a Nava
Punta di u Capicciolu
Tour de Sant'Amanza
Cardu (u Cardu)
Sant'Amanza
Gurgazu
St-Julien
Plage Calalonga
Île Porraggia
Grotte Marine Sdragonato
Bonifacio (Bunifaziu)
Punta di Sperone
Île Ratino
Île Piana
Île Cavallo
Île Perduto
Phare de Pertusato
Chiappili (Chjappili)
Capo Pertusato
Pyramide de la Sémillante
Îles Lavezzi
Tour des Lavezzi
Bocche di Bonifacio
Isola la Presa
Isola Santa Maria
Isola Razzoli
65
49
Isola Piana
Isola Corcelli
87
Isola Barrettini
Isola Budelli
Punta Margine
Stagno Torto
P.Abbatoggia
Cala Maiore
Isola Maddalena
Porto Longonsardo
Punta Falcone
Isole Marmorata
Isola Spargiotto
Isola Monica
Rena Bianca
P.to Quadro
Spiaggia di Marmorata
Cala Sambuco
Isola Spargi
155
Capo Testa
Santa Teresa Gallura
la Ficaccia
Casa Azara
148
Guardia Vecchia
Moneta
S.Reparata
la Colba
la Licciola
126
ITALIA
La Maddalena
Porto Pitrosu
Buoncammino
P.Sardegna
Isola S.Stefano
218
l'Isuledda
Porto Liscia
Porto Puddu
Porto Rafael
Acapulco
P.ta d. Zucchero

INDICE DEI NOMI

Sono riportati qui tutti i luoghi di interesse e le attrazioni citate nella guida oltre ai nomi di alcune valli importanti. I numeri di pagina dei riferimenti principali sono in neretto.

SCRIVETECI

Facciamo sempre del nostro meglio per darvi informazioni aggiornate per il vostro viaggio. Tuttavia, nonostante le meticolose ricerche dei nostri autori, qualche errore a volte può sfuggire.

Inviate i vostri messaggi a:
MARCO POLO Redazione
EDT srl, 17 via Pianezza
10149 Torino
redazione@guidemarcopolo.it

Corsica, 2ª edizione maggio 2017
ISBN: 978-88-5923-843-0
© EDT srl, 17 via Pianezza, 10149 Torino, edt@edt.it
Coordinamento: Linda Cottino
Traduzione dal tedesco: Margherita Trevisan, Federica Tommaddi
Redazione e aggiornamenti per l'edizione italiana: Federica Tommaddi
Impaginazione: Gianmarco Bisognani
Produzione: Alberto Capano
Stampato da: Graf Art s.r.l., viale delle Industrie 30, 10078 Venaria (To)

Tradotto dall'edizione originale tedesca completamente rivista e aggiornata:
Korsika 2016, 14ª edizione
© MAIRDUMONT GmbH & Co. KG, Ostfildern
Caporedattrice: Marion Zorn; autrice: Karen Nölle-Fischer; coautori: Gabriele Kalmbach, Julia Kühling, Stefan Miebach; redazione: Arnd M. Schuppius; redazione editoriale: Susanne Heimburger, Tamara Hub, Nikolai Michaelis, Kristin Schimpf, Martin Silbermann; photoeditor: Gabriele Forst, Stefanie Wiese; tendenze: Gabriele Kalmbach; wunder media, Monaco
Cartografia atlante e carta estraibile: © MAIRDUMONT, Ostfildern; grafica di copertina, p1, pp2-3, copertina della carta estraibile: Karl Anders – Büro für Visual Stories, Amburgo; grafica interna: milchhof:atelier, Berlino; grafica Gite ed escursioni: Susan Chaaban Dipl.-Des. (FH)
Frasario: in collaborazione con Ernst Klett Sprachen GmbH, Stoccarda, redazione dizionari PONS

In copertina: Scandola (Schapowalow/SIME: G. Simeone)
Foto: C. Astolfi (19 in basso); DuMont Bildarchiv: Widmann (22, 42, 57, 65, 67, 88, 124 in basso); © fotolia.com: rcaucino (19 in alto); Getty Images: P. und K. Smith (3); R. Hackenberg (risvolto dx, 72, 86); huber-images: M. Borchi (41, 124 in alto), M. Breitung (17), S. Damm (136), C. Dörr (54), R. Mirau (7 in basso, 12-13, 50-51), O. Stadler (9, 26-27, 109, 118-119); © iStockphoto: M. Svoboda (18 in basso); G. Kalmbach (1 in basso); Laif: (20-21, 31, 46-47, 62, 78, 91), C. Boisvieux (94-95), G. Haenel (122), G. Westrich (4 in alto, 45); Laif/hemis.fr: F. Guiziou (81), J. F. Hagenmuller (114-115), C. Moirenc (30 sx, 74), B. Rieger (77); Laif/Le Figaro Magazine: S. Fautre (4 in centro, 60-61); Laif/Polaris: D. Alitti (123); Look: E. Fleisher (14, 98-99), T. P. Widmann (38), K. Wothe (5, 96); Look/age footstock: (102-103); Look/Axiom: (58); Look/SagaPhoto (2 in alto, 6 in alto, 30 in centro); mauritius images/age: (28 sx); mauritius images/Alamy: (32-33, 52, 69, 70, 84, 107, 112-113, 122-123); mauritius images/Garden World Image: (18 in centro); mauritius images/imagebroker: G. Grüner (risvolto sx in basso 11), H. Pöstges (82), M. Wolf (106), K. Wothe (121); mauritius images/Oredia: (28 dx); Schapowalow/ Onlyfrance/SIME: Barberonana (37), R. Palomba (116); Schapowalow/SIME: G. Simeone (1 in alto, 92); V. Vellutini (18 in alto); T. P. Widmann (8 in basso, 34, 10, 25, 29, 49, 117, 125)

Questo libro è stampato su carta ecosostenibile.

DA EVITARE

Alcuni suggerimenti per non avere brutte sorprese

SOTTOVALUTARE LE CONDIZIONI ATMOSFERICHE

I venti possono essere pericolosi per i surfisti meno esperti e per chi nuota con il materassino, soprattutto di pomeriggio e di sera; in caso di pioggia, invece, i fiumi si gonfiano e allagano i sentieri. Se decidete di fare un'escursione nella zona montuosa dovete essere adeguatamente attrezzati e seguire i tracciati, a meno che non abbiate un forte senso dell'orientamento e sappiate destreggiarvi nella lettura delle mappe. Ricordate di portare sempre acqua a sufficienza e non dimenticate che in inverno le temperature possono scendere sensibilmente: mettete indumenti caldi nello zaino e tornate indietro in caso di pioggia o nebbia.

GIOCARE CON IL FUOCO

Ogni anno gli incendi distruggono ampie distese boschive mettendo in pericolo persone e animali. Per questo motivo si richiede la massima prudenza: non gettate le sigarette accese dal finestrino e non lasciate immondizia infiammabile per la strada; rispettate il divieto di accendere fuochi nei mesi estivi; non fumate nelle foreste in caso di siccità; evitate di addentrarvi nelle zone montuose segnalate come aree a rischio. Le guardie forestali sono molto severe.

CORRERE IN AUTO

Animali al pascolo che sostano sulla strada, bordi sdrucciolevoli in montagna, tornanti, piste tortuose e l'imprudenza degli abitanti del luogo sono fattori di rischio da prendere in considerazione. Evitate di imitare la guida sportiva della gente del posto che, abitando sull'isola, sa muoversi più agevolmente sui vari tracciati. Moderate la velocità e mantenete sempre la destra, soprattutto nelle curve.

LASCIARE OGGETTI DI VALORE IN VISTA

Anche in Corsica conviene prestare attenzione a cellulari, fotocamere, orologi, gioielli e borsette. Potete portarli con voi, lasciarli nella cassaforte dell'albergo o sistemarli nel bagagliaio della vostra automobile.

SPRECARE L'ACQUA

Da alcuni anni in inverno non nevica più a sufficienza e molte sorgenti e fontane di paese si sono prosciugate. Contribuite a diminuire il rischio di siccità. La Corsica è apprezzata soprattutto per la natura rigogliosa e i suoi paesaggi: cercate di preservare l'ambiente che vi circonda.

DARE DA MANGIARE AGLI ANIMALI

I maiali che pascolano allo stato brado hanno reazioni improvvise, denti affilati e non distinguono tra pane e dita di una mano: meglio non rischiare di essere morsicati. Non avvicinatevi anche ai cani che, di solito, non sono abituati a ricevere carezze perché addestrati a fare la guardia.